英語の勉強法をはじめからていねいに

◉責任監修
安河内哲也

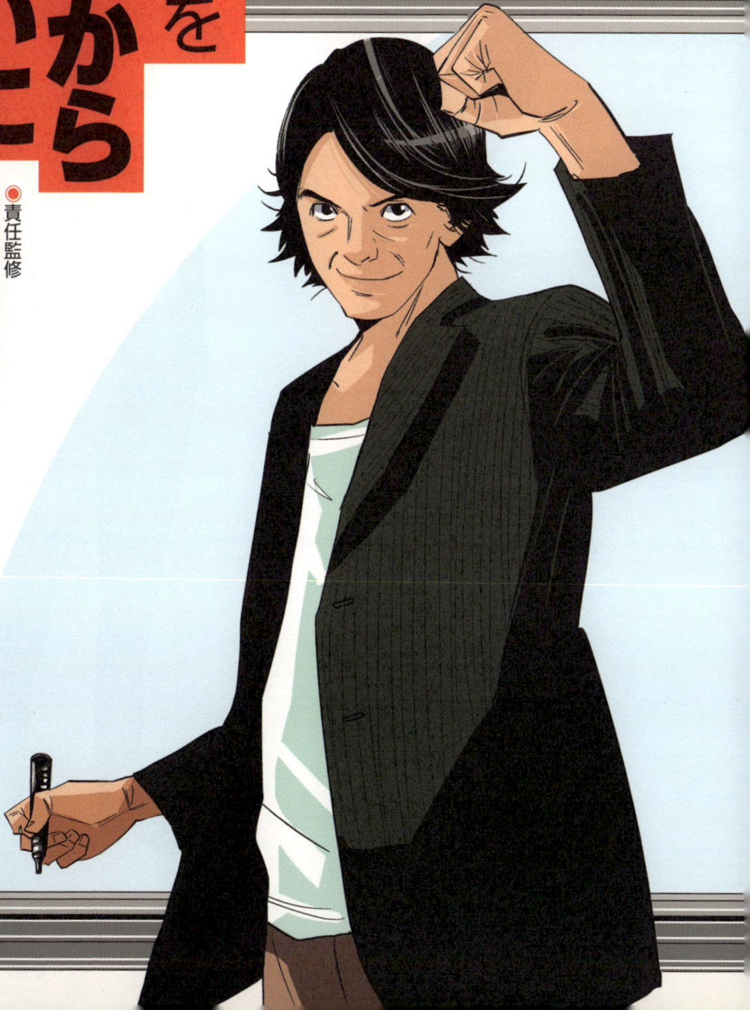

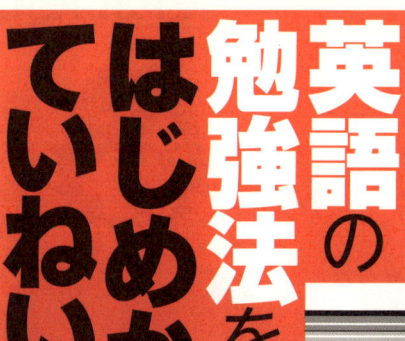

登場人物紹介

同じ高校

同じ中学出身

進藤健太
Kenta Shindou

サッカー部。小学生のときから続けているサッカーが大好き。思ったことをそのまま口にする、大雑把な性格。勉強が嫌いで苦手。趣味は?「もちろんサッカー!」

安河内哲也先生
Tetsuya Yasukochi

1967年、福岡県生まれ。上智大学外国語学部英語学科卒。東進ハイスクール・東進衛星予備校・東進ビジネススクール講師。成績不振に悩む受験生やTOEICを受験する社会人を、短期間で成績アップにつなげるカリスマ講師として活躍中。TOEICテスト4分野全て満点の実力。(もっと詳しいプロフィールは、カバーの折り返しを見てね!)

【趣味】
海外旅行、異文化体験。海外ドラマや映画を見ること。

【好きな映画】
「ニューシネマパラダイス」

【好きな言葉】
No one knows what he can do until he tries.
=誰だって、挑戦してみるまでは、自分の真の力なんてわからない。
(Publilius Syrus)

【好きな漫画】
「デスノート」、「ゴルゴ13」、「テルマエ・ロマエ」

【好きな音楽】
スタンダードロック、K-POP全般

【好きな食べ物】
スパイシーなエスニック料理

糸井高満

Takamitsu Itoi

水泳部。勉強、運動、芸術、何でもそつなくこなす典型的な優等生。几帳面でプライドが高い。健太とは中学時代から仲が良い。趣味は?「ピアノ」

東条結衣

Yui Tojo

弓道部。コツコツ努力する前向きな女の子。基本的に大人しいが、健太に対してだけあたりが強い。趣味は?「美術館巡り…かな」

同じ中学出身

大塚美世

Miyo Otsuka

漫画研究会。女子校のひっこみ事案な女の子。自分に自信がないため、常におどおどしている。趣味は?「漫画……読むことです」

財前エリカ

Erika Zaizen

テニス部。はっきりさばさばした性格。しっかりもので面倒見が良い。中学生のときから美世の面倒を見ている。趣味は?「海外旅行!」

CONTENTS

第一講

―英語のはじめの勉強法―

おっしゃ！終わった終わった！
腹減ったけど
部活行くぜ
進藤《しんどう》 健太《けんた》
ちょっと待ったあ！

＊特別公開授業…東進の実力講師陣が東進の各校舎で特別に行う生授業（一般外部生にも

早く早く
わかったよ もう…
安河内先生の公開授業 急がないと遅刻しちゃうよ！
あー…サッカーしたかったなあー…
もー部活はいつでもできるでしょ
安河内先生の公開授業は今日だけなの！
はいはい

東進ハイスクール
受付
安河内先生の特別公開授業
間に合った
相変わらず遅刻か……
まだギリギリ遅刻じゃない…よね?
おうギリギリセーフ
糸井《いとい》 高満《たかみつ》
ねえ美世
なんで今日は東進生じゃない私を誘ってくれたの?

東進って映像の授業なんでしょ?
美世が普段受けてる安河内先生の授業って
一体どんな授業なのよ?
財前《ざいぜん》 エリカ
あ……えっとね
すっごくわかりやすいしパワフルなの
だからエリカにも受けて欲しくって
大塚《おおつか》 美世《みよ》
楽しみじゃん
まあ私も英語の勉強法見直したかった
うん……
安河内先生がいらっしゃいました
どーもどーも

みなさん
こんにちは
安河内哲也
です！
今日は「英語の勉強法」についての講義をみなさんと一緒に進めていきたいと思います
よろしくお願いします！
今日ここにきてくれたみなさんは
英語の勉強法について不安をもってるかな？

君はどう？
私？
そう君
えっと私は…勉強時間を増やしても全く成績が上がらないから今すごく不安で…
ほうほう
じゃぁ隣の君は？
俺は英語の勉強自体あんましてなくって……

なるほど
みなさん
成績に対して
いろんな不安を
抱えてると
思うけど
大丈夫
今日の
講義内容を
聞きさえ
すれば
君たちの
英語力は
必ず
アップする!

実は私も高校時代は部活ばかり頑張って勉強自体あまりしなかったんだ
だから最初から英語が得意だったわけじゃなくてね
E.T.
ただ洋画や洋楽が好きでなんとなーくアメリカに憧れをもってたんだ
だからいつか英語はできるようになるぞって思ってた
THE
までも全然勉強しなかったから
学校の成績はよくなかったけどね
それに私は日本生まれの日本育ち
まさに純ジャパニーズ
金
大学時代も留学できずずっと日本で勉強してたんだ
でもね

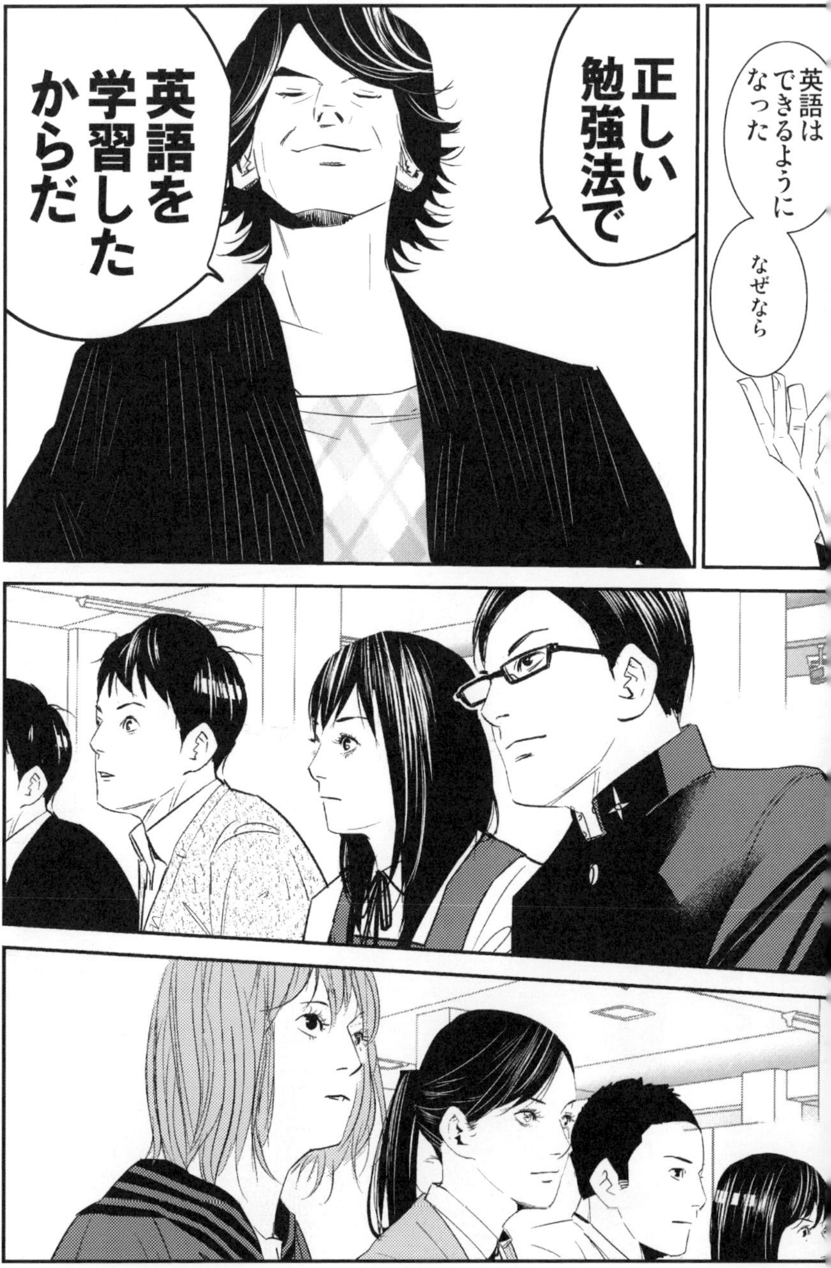
英語はできるようになった
なぜなら
正しい勉強法で
英語を学習したからだ

それで偏差値が30以上アップして
英語のテストではいつも偏差値80以上を取れるようになった
英語は勉強法によって劇的に変えられる教科なんだ
もともとの成績が悪くたって
全くかまわない！
勉強に遅すぎるなんてことはない
今日からスタートすればいい！
そう……
英語なんてただの言葉なんだ！
やれば誰だって
できるようになる！

皆さんの中には
受験英語を勉強しても
実際には使えないし
将来もそれほど役に立たないって思っている人も多いんじゃないかな？
でもそんなことはありません
大学受験でもますます実生活に密着した実用的な英語が試されるようになってるんだ
たとえばセンター試験
当日のリスニング試験では
日常で使われる様々な英語が聴き取れるかっていうことが試される

筆記の方でも広告文や案内文など
これらを読み取る力が試されてる
これってとても実生活に密着してると思わない？
またたとえば国立の二次試験
特に東大など
非常に長いリスニング問題が出て
やっぱり耳から英語を理解する力が試されてる
あと必要なのは
大局的な論理を読み解く力
？
たいきょくてき？
大局的ってのは全体の論理からながめるということ
つまり
大学受験の英語では文章全体の論理を把握して
考えや思考を読み解く力も試されてる

まずは大学受験の英語をしっかり勉強して
その知識を将来使える英語に結びつける
この新しい発想で勉強していく必要があるんだ
実際私も
大学受験の英語を基礎にスピーキングやライティングを勉強して実用的な英語をマスターできたしね
それにTOEIC試験やTOEFL試験でも
同じことだよちゃんとした英語力が必要になってくる
TOEFL
アメリカやカナダへ留学をして学業を行える英語の能力があるかどうかを検定する試験
TOEIC
英語を母国語としない人を対象とする、英語によるコミュニケーション能力を検定する試験
英語を使っている人口の半分以上は英語を母国語としない人たちだ
I'm from South Africa.
I'm from Brazil.
I'm from Saudi Arabia.
I'm from Netherlands.
I'm from Mexico.
I'm from China.
I'm from Korea.
I'm from India.
We can speak English!

たとえば
いろんな国の人が集まって国際会議を開くとき
出席者の中に英語が母国語の人が参加していなくても
会議はたいてい英語で開かれるんだ
英語は言わば
世界の言語
だから英語が使えれば
世界中のあらゆる人たちとコミュニケーションがとれるようになる
そこで聞きたい
みんなはどうやって英語を勉強してる?
君は?
えっと…私は参考書の問題を解いたり単語は書いて覚えたり…

うん 書いて暗記っていうのも大切
でも私がここで提唱したいのは
音読学習
英語って国語 数学 理科 社会と通常ひとくくりにされちゃうけど
英国数理社
実は英語は他の4教科と大きく異なる教科なんだ
ようするに
キュッ
こうやって
国語 数学 理科 社会でひとくくり
国語・数学
理科・社会
体育
音楽
体育と音楽でひとくくりとしよう

英語って
どのへんに
位置すると思う？
国語・数学
理科・社会
体育
音楽
君は
どう思う？
私？
英語…
この辺
とか…
じゃあ
隣の君は？
おれ？
こ…
ここすか…
？
雪
だるま
か…
ままま

英語ってのはちょうどこの半分ずつの
真ん中に位置してる
つまり両方にまたがっているんだ
体育
音楽
英語
国語・数学
理科・社会
つまり机でカリカリ勉強するような教科に半分
そして体を動かして練習する部分に残り半分
体育
音楽
英語
国語・数学
理科・社会
だから両方をバランス良く鍛えなければいけない
体育
音楽
英語
国語・数
理科・社
つまり英語は机でカリカリ勉強してるだけじゃ
成績は伸びない

そんなわけだから
英単語 英熟語は たくさん知ってるけど
英文を速く読めないとか
実はリスニングが全然できない
なんてことになっちゃうんだ
英語は努力の方向が間違ってると成績が伸びない
恐ろしい教科だ
じゃあもう少し具体的に説明しようか
この中にピアノが弾ける人はいるかい？
ピアノ？
趣味で昔から弾きますが
それが何か？
いいねー
実は英語の学習は
ピアノの学習と一緒だ
ピアノと？
ポイントは
言語反射神経
あっこれ私の

英語の学習は
このように
理論としての
記憶つまり
覚えた
単語や文法を
単語・文法
理論
記憶
転換
言語
反射
神経
言語反射神経
へと転換…
変えていく必要が
あるんだ
そして実力に
なるのは
この部分
理論
記憶
転換
言語
反射
神経
実力!!

これをわかりやすいようにピアノの学習にたとえてみよう
ピアノを練習するときって
まずは楽譜を暗譜して理解しなきゃ
つまりこの理論としての記憶を増やす行為が必要なんだ
理論
記憶
転換
言語
反射
神経
増やす!!

楽譜の暗譜や研究を繰り返せば
ピアノを弾けるようになるかい?
なりませんね
なぜ?
実際に何度も何度も
楽譜どおりに弾いて練習しなければいけません
そのとおり
使えない知識
理論記憶
転換
使えない知識
ムダな努力!
理論記憶ばかり増えても
使えない知識が増えるだけで無駄な努力になってしまう
だから理論としての記憶はすべて言語反射神経に変えたい
そのためには——

何度も
何度も同じ旋律を
繰り返し弾いて
体に
叩き込み
覚えさせる
理論
記憶
転換
言語
反射神経
自動化
Automatization
すると
最終的に
意識しなくても
鍵盤が叩けるように
なるが
英語の学習も
全く同じ
理論を学んで
言語反射神経として
身体に覚えさせる
そのプロセスを
自動化
っていうんだ

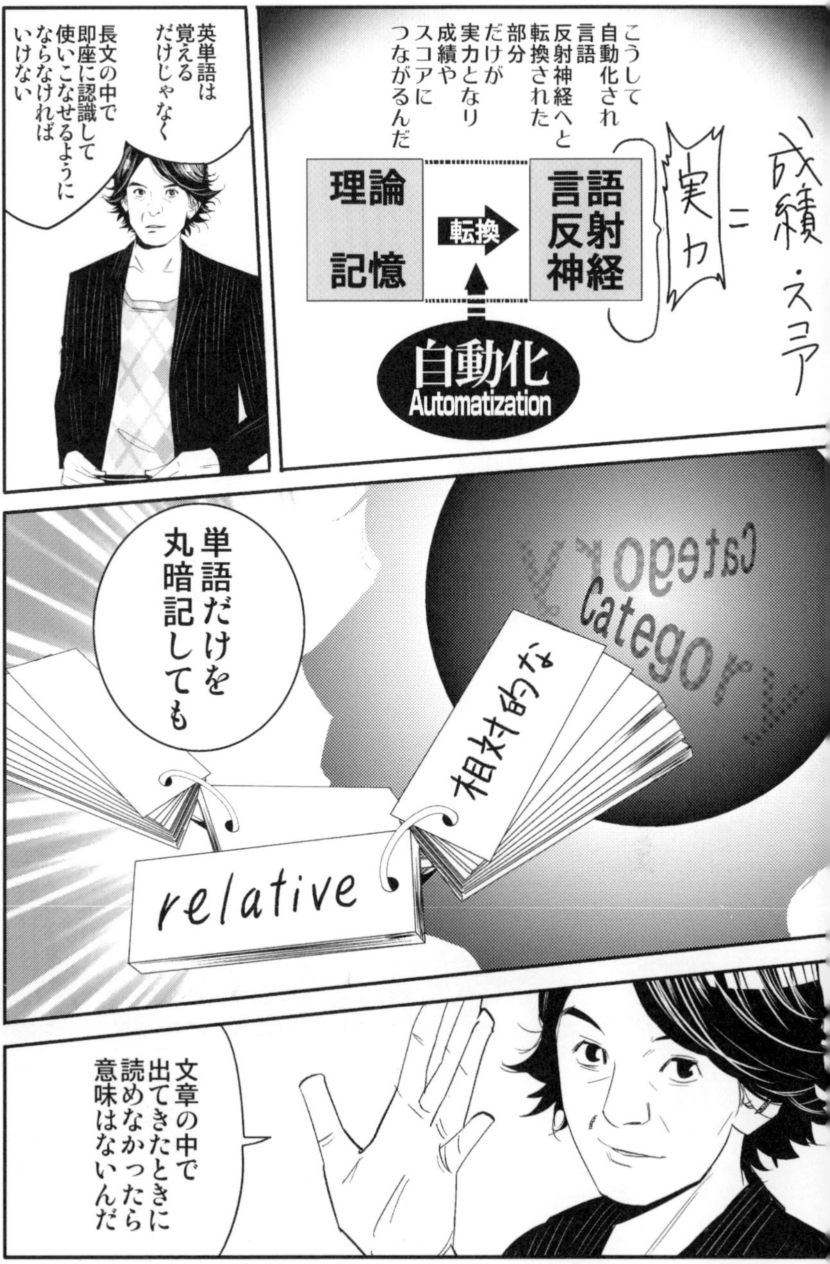

こうして自動化され言語反射神経へと転換された部分だけが実力となり成績やスコアにつながるんだ
理論
記憶
転換
言語
反射
神経
自動化
Automatization
実力
＝
成績・スコア
英単語は覚えるだけじゃなく長文の中で即座に認識して使いこなせるようにならなければいけない
単語だけを丸暗記しても
相対的な
relative
文章の中で出てきたときに読めなかったら意味はないんだ

長文の中ですいすい読めて初めて点数になる
文法も同じなんだ
文法事項ばかり覚えても英作文で使えなかったり
文を組み立てられなかったら
結局使いこなせてないから意味がないってことだ

今の入試で英文法の問題はあまり出ない
出題されるのは速く読む力や速く処理する力つまり今の入試では……
成績・スコア
=
実力
速く使えるかどうか!!
言語反射神経
転換
理論
記憶
自動化
Automatization
英語が使えるかどうかが試されてる
じゃあ覚えた知識を言語反射神経に変えるには
何をすればいいのか
それが

成績・スコア
＝
実力
理論
記憶
転換
言語
反射
神経
自動化
Automatization
音読学習
音読学習だ
ピアノでいえば鍵盤を叩く練習だけど
英語の場合この音読学習がどれくらい必要だと思う?
机での勉強が50%だとしたら
理論
記憶
転換
言語
反射
神経
50%
50%
音読学習も50%必要なんだ

覚えたものを何十回も音読
理論
記憶
記憶
転換
反射神経
自動化
Automatization
刷り込んで自動化して反射神経へ
またちょっと覚えたら音読自動化して反射神経に変える
転換
言語反射神経
この方法で勉強すれば
みなさんの成績は
劇的に上がります

君たちの先輩もこの音読学習を実践して
劇的に成績を上げてきた
音読学習は
読む
聴く
話す
書く
すべての分野でとても重要だよ
さて次は「英文法をどうやって勉強するのか」の講義をしていこう

英語の勉強法!

No

Date

・大学受験では 実生活に密着した英語 が試されてる!

・英語は 世界の言語!

Hello

・英語は机で勉強しているだけじゃ成績は伸びない。

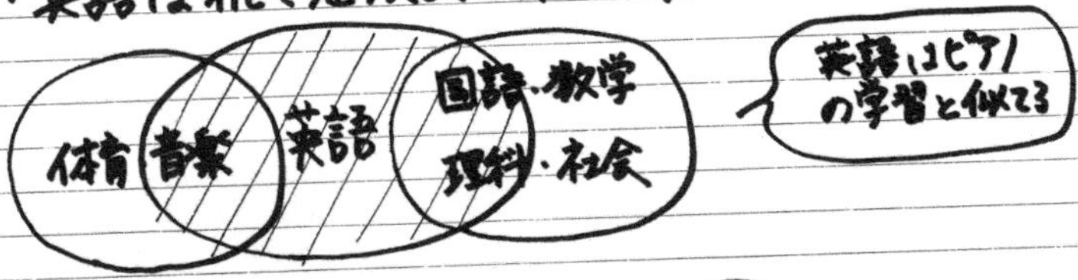
体育
音楽
英語
国語・数学
理科・社会
英語はピアノの学習と似てる

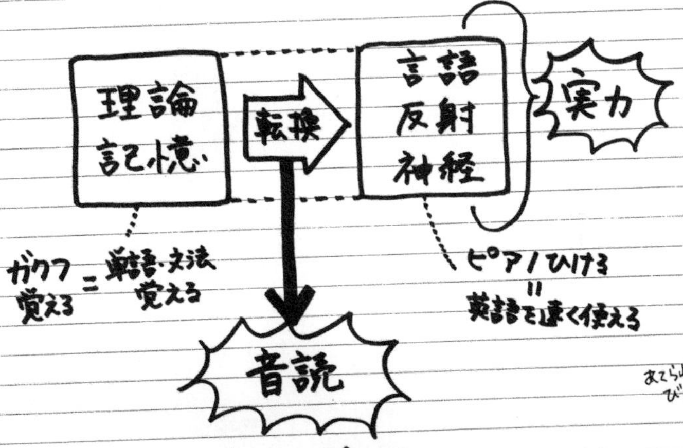
理論記憶
転換
言語反射神経
実力
ガクフ覚える = 単語・文法覚える
ピアノひける
〃
英語を速く使える
音読

あてられたー びっくり。。

オレも

なんか楽しそうだね

あー

英語は、音読学習が大切!!

第二講

—英文法の勉強法—

みなさん
東進ハイスクール
そもそも英文法の勉強って
大事だと思う？
君はどうかな？
はい 英文法の勉強は受験には必要だと思います
でも

でも…？
でも英文法を勉強しても
英語を話すことにはつながらないかなって思ってしまいます
うん
確かに英文法を勉強することと
英語を話すことって結びつかない気がするよね

英文法をまじめに勉強する
世間でも新聞広告とかに
英文法なんか勉強するな!
とか書いてあったりする
こういうのを見ると
文法を勉強したって役に立たないって思ってしまうかも
それは
間違いだよ
きちんとした英語をマスターした人や英語の仕事をしているプロが英文法はいらないなんて絶対に言わないよ
ここでは英文法を学ぶ必要性と勉強方法を具体的にお話するから
よーく聞いてね

英文法ってね英語を習得するのに必要な
すごく便利なツールといえます
ピアノで言えば
楽譜にあたる
楽譜が読めなければ
もちろんピアノは弾けないよね
ピアニストで楽譜が読めない人はまずいない
英語もそれと同じなんだ
こういう説明をすると『子供は文法なんか勉強しなくても言語を習得するじゃないか』ってよく言われるんだけど……
パパって言ってごらん
パーパ
言ったわしゃべった!!

でもそれは第一言語だからなんだ
私たちが勉強しているのは第二言語としての英語だよね
第一言語と第二言語をごっちゃに考えちゃだめだ
第一言語……母語。幼少時より家庭において身につける言語
ママって言ってごらん
ママ
第二言語……第一言語の次に学習する言語
Where are you from?
えーっと…
I'm from Canada
お通じた
第二言語
第一言語の習得と第二言語の習得では共通する部分と共通しない部分がある
第二言語は子供が学ぶように学べる部分もあれば
ええ…
この映画の英語ぜんぜんわからない…
それとは全く違う方法で学ばなければいけない部分もある

たとえば子供が第一言語として
つまり文法を全く勉強しないでしゃべれるようになるには
一日十時間以上の言語体験を十年以上続けなくてはいけない
第一言語
第二言語
1日 10時間以上 勉強!!
マスター!!
一日十時間以上柔軟な頭脳を持った子供が日常生活の中で
笑ったり
泣いたり
わめいたりしながら
試行錯誤を繰り返す
ばぶー
ママー パパー
見て！とべた！
だめ！
これ僕んだもん
つまり Iの後ろにはam Youの後ろにはare
I am ~
You are ~
第二言語
こういう文法ルールを子供は何千回も人々の言葉を聞きながら研究観察を繰り返し
マスター!!
そして柔軟な解析力で頭の中で十年近くかけて言語をルール化していくんだ
僕今度Jリーグ見に行くんだ！
すっごい楽しみ！
いいなあ！
一方第二言語を習得する私たちの頭は子供と違って固くなってしまってる

勉強時間だって 一日せいぜい 一時間や 二時間がやっとだ
もう疲れた
つまり 頭的にも時間的にも 第一言語を 習得する子供と 同じこと―― 毎日十時間以上の 勉強を十年以上
…毎日十時間を 十年以上 恐ろしすぎる……
ガタガタ
じゃあ 私たちが 第二言語を 習得するには
どうしたら いいでしょう
子供が 十年近くかけて 習得する
自然生成していく 文法のルールを
先に強制 注入しちゃう んだ
第一言語
第二言語
文法ルール
1日 10時間以上 勉強!!
強制注入
どうすれば いいんだ ……

ルールを強制注入するだけじゃダメ
使えないから
……言語反射神経
そう！これを……
第二言語！
文法ルール
自動化
言語反射神経
強制注入
言語反射神経に変える！
子供は長い時間をかけてこのルールを頭の中で構築しながら
言語反射神経も同時並行で自然に身につけている
『文法ルール』は一言でいうと非常に便利な時短ツールといえます
文法ルール
時短ツール
つまり子供が十年でやることを『文法』という時短ツールを使えば
一時間でできるようになるってこと

時短ツールか……
でも日本人の学習で明らかに間違ってる点は
ルールをずっと強制注入し続けてしまうところ
理解して暗記してるだけじゃだめだ
強制注入
重要なのは強制注入したルールを自動化することによって言語反射神経に変えていくこと
第二言語！
文法ルール
自動化
言語反射神経
じゃぁこの言語反射神経を獲得するためには何をすればいいと思う？
音読学習……ですか？
そう！音読学習
英語の学習においては自動化＝音読学習だ

ここでちょっと質問
……
……
中学一年とか……
それは健太の希望でしょ……
君たちが学ぶ必要のある英文法ってどの学年の範囲だと思う？
うん間違ってない
え!?
君たちがマスターする必要のある英文法は
汎用性と頻度の高い中学一年から高校二年までの範囲なんだ

汎用性って何？
汎用性が高いっていうのは広く使われるってこと
中1～高2 90％!!
・汎用性
・頻度
英文法は中一から高二の範囲をマスターすれば受験問題だって90％いける
たとえばセンター試験の英文や問題に出てくる文法はほぼこの中に収まります
たまに難関大学では誰にもできないマニアックな問題が点数を下げるための必要悪として出題されることがあるけれど……
だからといってこーんなところにある特殊な文法は
カッ
カッ
カッ
中1～高2 90％!!
・汎用性
・頻度
最初から勉強する必要はないんだ
大切なのは汎用性と頻度が高い英文法を音読によって自動化すること
特に時間がない受験生はバランスと優先順位の管理をしっかりして
ムダな勉強はしないこと！

よし！じゃあここからは
英文法はどのように勉強するのかHow toのお話に入っていくよ
まず使う教材
何でもいい
え？
市販の参考書でも学校や予備校で使ってる教材でも
ホント何でもいいんだ
英文法の勉強は中一～高二のコアの部分を優先
中1～高2 90%!!
・汎用性
・頻度
コア!!
残りはばっさり切ってしまおう
英語の勉強で一番大事なのはやっぱり英文を読む訓練です
英文法だけに時間をかけちゃいけない
どんな教科の勉強でもどんな仕事でも重要なものを先にやることが大切だよ

センター試験以外の入試では六割～七割取れればたいてい合格できる
じゃあこの合格ラインを確保するにはどんな勉強をすればいいと思う？
大学によって割合は違うけれどたとえば入試問題はこういう風にできている
20%
できなくてO.K!
20%
考えて論理的に
60%
汎用性
頻度
基礎
一番下の60％は汎用性と頻度が高い基礎問題で
次の20％が考えて論理的に解く問題
最後の20％はできなくても
基礎がちゃんとできてその基礎を使って解ける問題ができればこのぐらいまではいく
20%
20%
60%
80％だ
一番上の20％はたとえ全問間違っても問題ないんだ
20%
20%
60%

まずは基礎力を使って解ける問題を完璧に取ること
で その知識を使って考えれば解ける問題も完璧に取る
つまり この80％が完璧にできるようになることが大切
80％
頑張れば……？
今のままじゃ無理だな……
私大丈夫かな……
できなくはないわね……
そこで君たちが合格点を取るためにも
今日家に帰ったら
やらなければならないことが一つある
何だと思う？

やるべきこと……？
文法の参考書を選ぶことでしょうか？
おしい！
英文法の参考書を
一つに絞ることだ！
一つに？
英文法には時間をかけちゃいけない
そのためにシリーズものでもいいがとにかく教材を一つに絞ることが必要なんだ
参考書いっぱいあるから絞らなきゃ……
参考書一冊もないから買わないと……
よしじゃあ具体的な勉強方法に入っていこう
たとえばまずは
過去形と現在完了形

I ate the pie yesterday. ➡ 過去形
I’ve already eaten the pie. ➡ 現在完了形
上は過去形で下は現在完了形
過去形ってのは過去に起こった出来事や過去に行った行為を純粋に表す
現在それがどうなっているかは全く関係ないんだ
歩いた
タタタ…
ダッ
走った
跳んだ
ピョン
現在完了形は現在どうなっているかが非常に大切なんだ
1時間前
おいしい
現在
あー お腹いっぱい
たとえば過去から行っているような行為が現在どうなっているかということを述べるのが現在完了形なわけ
現在完了形では『現在食べ終わった状態ですよ』
もう食べ終えたよ
『現在終わっているよ』
ということが一番言いたいわけ
私も食べたかった！
非常にわかりやすいよね

ただし注意が必要 この現在完了形には 今みたいに 完了を表す場合と
食べ終えた
継続を表す場合と
30分食べ続けている
経験を表す場合がある
食べたことがある
でも この三つ全部 つまりは『現在どうなっているか』
いなあ んな だった？
じゃあ 継続の説明 例文を 書いてみよう
訳せるかな？
've been in this room for three hours.
はい
私は三時間ずっとこの部屋にいる
そう『ずーっと三時間の間 現在まで この部屋にいる』って いうこと
12時から 3時まで
ずっと ここに いるよ

経験の場合は
どうだろう
訳せるかな？
I've heard that story three times.
私はその話を三回聞いたことがあります
……でしょうか？
これも過去に聞いているんだけど
現在の段階では三回っていうこと！
3日前
2日前
昨日
3回聞いたよ
こうやって現在完了形では現在の時点でっていうのが前提なんだ
現在を意識
完了
I've already eaten the pie.
継続
I've been in this room for three hours.
経験
I've heard that story three times.

だから現在完了形を読む前には
今…
いつも『今』っていう言葉を唱えると現在完了形の気持ちがよく分かる
さて君たちの英語力の伸びは今のところまだゼロだが……
勝負はここからだ！
これからこれから……！
じゃあ具体的な音読学習法について話してみよう
文法ルール
自動化
言語反射神経
まずゆっくり
音読をする

I
ate the pie
yesterday
I ate the pie yesterday.
『私は昨日パイを食べた』という日本語訳も後に続けて言ってみよう
ただし口頭で
日本語訳をきれいに書くのは時間の無駄です
I ate the pie yesterday.
私は昨日パイを食べた。

まずはゆっくり英文を音読それから日本語訳ね
I ate the pie yesterday.
私は昨日パイを食べた。
その後に『過去の出来事を単純に表すのが過去形だ』と用法も言ってみよう
過去の出来事を単純に表すのが過去形だ
うん その調子
次に現在完了形も音読してみよう
I've already eaten the pie.
『私はパイを食べてしまっている』
I've been in this room for three hours.
『私は三時間ずっとこの部屋にいる』

I've heard that story three times.
『私はその話を三回聞いたことがある』
I ate the pie yesterday.
私は昨日パイを食べた。
I've already eaten the pie.
私はパイを食べてしまっている。
I've been in this room for three hours.
私は3時間ずっとこの部屋にいる。
I've heard that story three times.
私はその話を3回聞いたことがある。
ただ棒読みするだけじゃ決して力はつかない
意味がちゃんと口頭で分かっているかどうかを確認しながら音読するんだ

次に音読のスピードを速めていく
I ate the pie yesterday.
I ate the pie yesterday.
I've already eaten the pie.
I've already eaten the pie.
日本語の訳はもうわかってるから今度は英語だけでスピードを速めて言ってみようか
I've been in this room for three hours.
I've been in this room for three hours.
I've heard that story three times.
I've heard that story three times.
最初はゆっくりだんだんスピードを速めていく
これができたら今度は瞬間的でいいから英文を暗唱しよう
まず英文を読む 次にその場で暗唱
同時に意味も頭の中に描くこと
最後に日本語訳を見て日本語を声に出して読んでみる
『私は昨日パイを食べた』
今度は日本語を英語に
I ate the pie yesterday.
こんな感じで口頭英作文する
瞬間的にこれができるように

そして将来英語が話せるようになりたければ
もう一段階上を目指そう
単語を入れ換えてどんどん別の文を作ってみるんだ
元の文
I ate the pie yesterday.
I ate the cake yesterday.
I ate the steak two days ago.
I drank the tea three hours ago.
I played tennis last week.
I read the book last night.
この段階までいったら書いてかまわない
どんどん文を入れ換えて作ってみよう
現在完了形についても同じ
将来しゃべれるようになりたければここまで練習してみる
今話したことが反射神経として瞬時にできるようになればこっちのものだ

たった四つの例文を覚えるだけで穴埋めプリントを何問もこなすよりはるかに高い英語力を得られるんだ
つまり
本物の英語力が身につく！
これは読解にも
むずかしー…
I've ___ in this room
1. stay
2. staying
3. been
4. being
四択問題にも
どれにしようかな
の英語を正しい順に…
整序問題にも
えっとー！
英作文にも
He
-s
リスニングにも
What did it say?
スピーキングにも
ぜーんぶに役立つ英語力に転化できる

英文法の勉強は量じゃなく
質で勝負！
まじめに一生懸命授業を受けて理解したら
英語ができるようになるわけじゃない
大切なのは勉強方法
私たちが勉強している英語は第二言語
この根本原理を理解して今日ばっさりと英文法の教材を整理してしまおう
大事なところだけを徹底的に音読訓練という発想に変えて勉強するだけで
相当な時間がかかるだろう

もちろん
英語の勉強は
英文法だけじゃない
最も時間をかけて
やらなきゃ
いけないのが長文
英文法は
ある程度整理して
ばっさり
切り落として
重要なものを
とにかく
早めに片付ける
って発想で
しっかり
勉強してほしい
大丈夫
勝負は
これからだ！

英文法の勉強法！

No.

Date

・英文法は大切！役に立つ！

・英文法は、ピアノでいえばガクフ。

・第2言語の英語を習得するには…

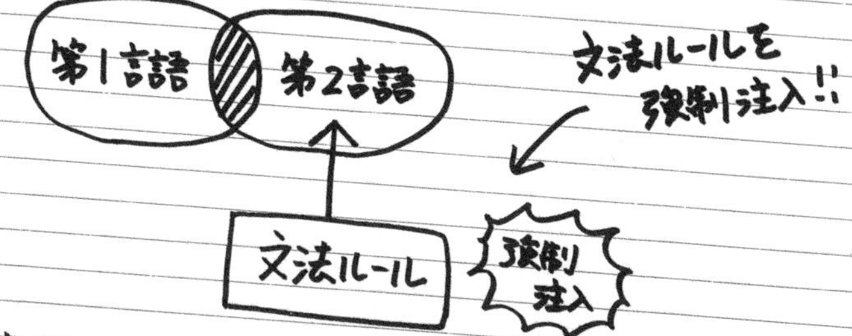
第1言語
第2言語
文法ルールを強制注入!!
文法ルール
強制注入

・文法ルールは強制注入するだけじゃダメ！

→音読学習で言語反射神経にする

・マスターする必要のある英文法は中1～高2

・英文法の参考書は1つに絞るコト！

さんこーしょ持ってない

今日買いに行こう？

あー

音読学習法

ゆっくり英文音読 ↓ 日本語訳音読 ⇨ スピード速めて音読 ⇨ 英文を暗唱 ⇨ 単語入れ替えて別の文作る

本物の英語力が身につく！

INK

第二講

―英単語の勉強法―

それじゃ
ここからは
英単語と英熟語の
勉強法に
入っていこう
『英単語って
どうやって
勉強すれば
覚えられますか』
って
よく聞かれる
確かに
いろんな覚え方があるよね
先生によっても
本によっても
言ってることが
違うから
混乱しちゃう人も
いると思う

100点とるまでやり直し！
← 担任
確かに……
ところでみなさんは普段英単語をどうやって勉強してる？
じゃあそこの…
オレは…
学校のテストに出る単語のみ勉強してます…
絞りすぎだろ…
なるほど
じゃあ後ろの君たちは？
参考書に載ってる単語を中心に勉強してます
私は単語集でやってます……
なるほど
ちなみに私の答えはズバリ…

何でもやってみなさい！
！
適当に言ってるわけじゃないんだよ
いろいろ試してみなさいってこと
単語ってものすごい量があるよね
だからこの方法でやったら覚えやすいなっていう単語もあれば
この方法だと覚えにくいなっていう単語もあると思う
stant professor. Chris'
we soon discovered our
think about our visual
hods with s as his
conducting me experi
s become famous. It wa
al attenti and aware
ologist Ulric Neisser
sity when Dan was in h
r many conversations i

あと
気分によっても
左右されたりする
こういう気分の
時には
この覚え方
ああいう気分の
時には
この覚え方
っていう感じで
気分によって
覚えやすかったり
覚えにくかったり
すると思う
まだ課題が山積みだなあ……
今日はとことんやるぞ！
今までの復習をしてみようかな
30分だけ単語を勉強しよう
だから一つのやり方に限定しちゃうのはあまりオススメできない
ぜひいろんな方法を試してみてほしい

よし
じゃあ早速
非常に重要な
英単語の
勉強法を
説明していくから
しっかり
聞いてね！
単語の
覚え方には
大きく
二パターン
一つ目は
長文の中で
覚えること
indeed
『本当に』って
意味か
二つ目は
単語集の中で
覚えること
appreciate
『感謝する』
devote
『捧げる』
単語集

でも単語集だけで勉強することは避けてほしい
これは一番力がつかない単語集だけでの勉強は１００％あり得ない
じゃあ一番いい単語の勉強法わかるかな
長文の中で単語を覚えながら単語集を並行させること…ですか
すばらしい！
それが最高の勉強法だよ
さっすが……

じゃあどうして長文の中で覚えるのが理想なのか説明しよう
どうしてだろ……
……
文の中で実際にたとえば
relatively
という単語があったとする「相対的に」って意味です
relatively
これをただ単に『relatively 相対的に』って日本語とセットで覚えてもいまいちピンとこないはず

長文の中でこういう文章があればどうかな？
これならピンとくるよね
Japan's obesity rate is relatively low.
日本の肥満率は相対的に低い。
さらにさらにこの場合relatively は low っていう
形容詞の前についているよねこういう用法も文例と一緒に覚えることができる
ate is relatively low.
印象に残って忘れないから
言語反射神経として吸収されやすいんだ
ごはんでも何でも栄養が吸収されやすい食材と吸収されにくい食材があるよね
長文の中で単語を学ぶというのは吸収されやすい形で単語を食べているイメージなんだ
あーーーん…
relatively

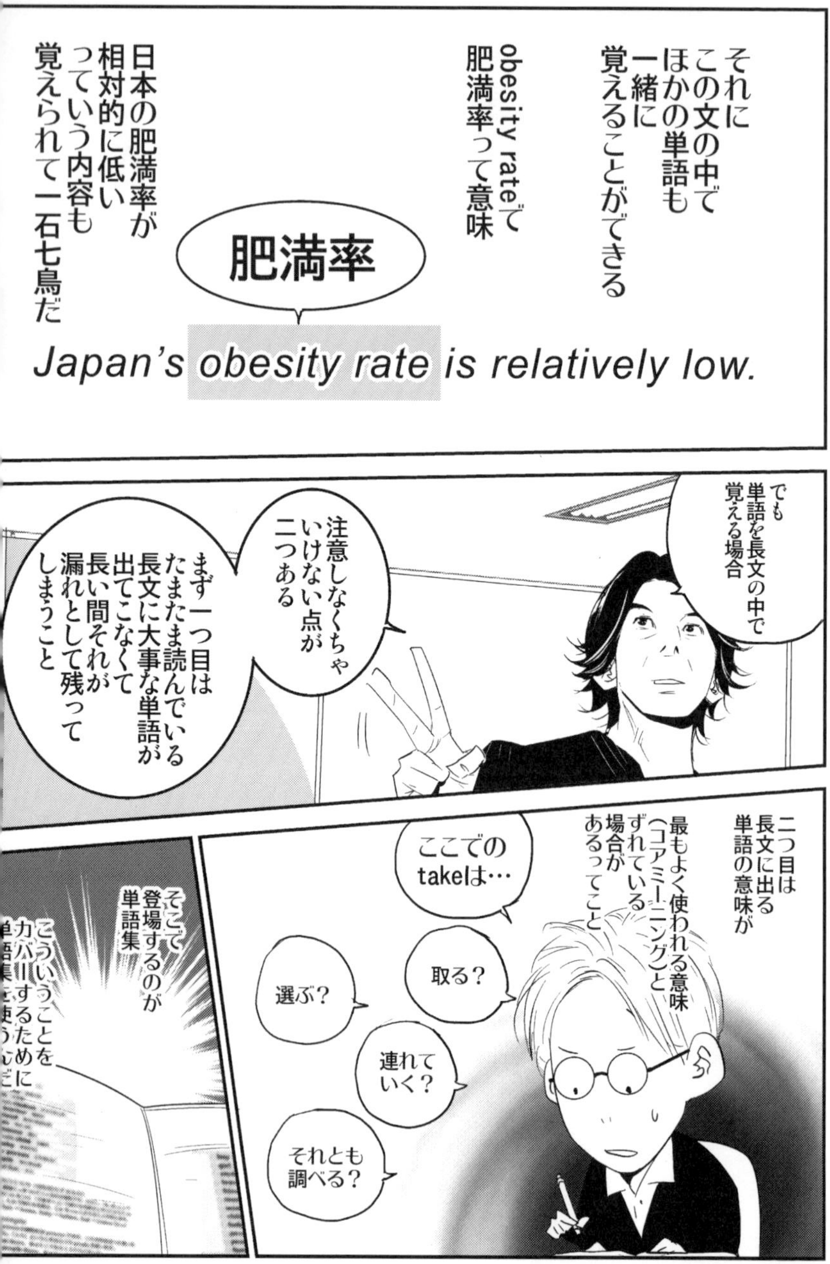
それに
この文の中で
ほかの単語も
一緒に
覚えることができる
obesity rateで
肥満率って意味
肥満率
日本の肥満率が
相対的に低い
っていう内容も
覚えられて一石七鳥だ
Japan's obesity rate is relatively low.
でも
単語を長文の中で
覚える場合
注意しなくちゃ
いけない点が
二つある
まず一つ目は
たまたま読んでいる
長文に大事な単語が
出てこなくて
長い間それが
漏れとして残って
しまうこと
二つ目は
長文に出る
単語の意味が
最もよく使われる意味
(コアミーニング)と
ずれている
場合が
あるってこと
ここでのtakeは…
取る？
選ぶ？
連れていく？
それとも調べる？
そこで
登場するのが
単語集
こういうことを
カバーするために

単語集は基本的に頻度が高いものを厳選して載せてある
つまり単語集を使えば頻度の高い単語で長文の中では出てこなかった漏れてしまったものをチェックすることができるんだ
長文と並行することで単語集は最大の効果を発揮するツールなんだよ
そうそう単語集は例文が付いたものを使うこと！
そして付いている例文を必ず利用して単語を覚えること
heat【名詞】【動詞】熱、熱さ／熱する
〈名〉heater 発熱器
〈形名〉heating 熱する、暖める／加熱(作用)
〈反〉cold 寒さ 〈類〉fever 発熱；熱中
Water is changed into steam by heat and into ice
水は熱で水蒸気に、冷気で氷に変わる。
ちなみに知っている単語でも単語集を使って勉強する意味はあるんだ単語集の一番最初に載っている意味はその単語のコアミーニング

つまり
最も一般的に広く使われる汎用性の高い意味が一番最初に載っている訳だから
自分が覚えている意味がそのコアミーニングとずれていないか確認できるんだ
じゃぁ一番最初に使う単語集の選び方だが
お来た来た！
ページをパラパラ開いた時に十個単語があったとしよう
その中で最低三つか四つは知っている単語が載っている単語集を使うといい
知ってる知らない
うん……半分近くは知ってるぞ

ページを開いた時に十個出てきて十個全部知らなかったら
全部知らないや…
くらっ
勉強していて嫌になっちゃうだから最低三分の一は知っている単語集を使って勉強をしよう
もういやだ
最初は中学の英単語集でもかまわないよ
……そうしよ
賢明だな
うっせ
じゃあ今度はひとつひとつの英単語の覚え方について話をしよう
英単語は
書いて覚えても良し
読んで覚えても良し
これはその時の気分によって使い分けよう
フフ
今は最悪な気分です…

一番良くない 勉強法は ノルマとして 一つの単語を五回ずつ とか回数を決めて 書いてしまうこと
1,2,3,4, 5回っと
書いて覚える場合は 必ずこんな風に 勉強してほしい
たとえば
こう書いたら
excuse <許す>
利き手と 反対側の手で
日本語訳を 隠す
excuse <
で また 「excuse」と 書いて これどういう 意味だったかな…… と自分に 問題を出してみる
excuse <
excuse
えーっと 「許す」って いう意味だ
どうしても わからなかったら 指を外して 「許す」と 見て書く
excuse <許す>
何 だっけ？
日本語を 指で隠して 意味を 言えたら 今度は 英語を 隠してみよう
そうだ 「許す」って 意味だった
日本語だけ見て 英語を書けるように なったら完了
つづりも意味も 覚えたら それ以上書く必要は ないから 次の単語にいこう

ただ確認したい場合は一回だけ書いて覚えられない苦手な単語は十回書く臨機応変に勉強しよう
書きながら口をパクパク動かしたり実際に音読してもいい
でも単語は単体で覚えるだけじゃだめ
パクパク
例文つきで覚えることさっきのexcuseだったらこう…
Excuse me for being late.
遅刻してすみません。
例文は書く必要ないよ音読しながら単語の使われ方を確認すればいいんだ
ちなみに一つの単語に対していろんな意味がついている場合
たとえば「prepare」なんていい例だけど
これには準備する支度する用意する下調べする起草する調理する覚悟する……とか意味がいろいろ書いてある
prepare：準備する/支度する/用意する/下調べする/起草する/調理する/覚悟する

一回目は
一つ目の意味だけ
覚えれば大丈夫
prepare：準備する/
二回
三回四回……って
何回も繰り返して
別の意味も
覚えればいいんだ
たとえば
スーツケースの
支度をする
つまり
スーツケースの
準備をするってことで
prepare
用意するっていうのも
準備するってことだし
よとっ
prepare
下調べも
準備ってことで
prepare
対岸は晴れです
起草する……
つまり文章の
下書きって意味で
これも準備
prepare
調理も
料理を出すための
準備なわけで
prepare
うまい
覚悟するっていうのも
心の準備で
全部準備に
つながるわけなんだ
prepare
prepare：準備する/支度する/用意する/
下調べする/起草する/調理する
/覚悟する

最初の「準備する」って意味だけ覚えておけば文の流れや常識から判断すれば単語の意味が推測できるようになる
prepare: 準備する
全部の日本語を覚えようなんて考えず頭を使って単語の意味を考えること
あともう一つ単語(特に動詞)を覚える時意味はとにかくコアミーニングつまり中心となる意味が大切です
like: ①好き ②〜のような
単語の中にはコアが二つに分かれている場合もあるから二つのコアをしっかりおさえること
あとは動詞形容詞副詞の場合前置詞との結びつきなんかも考えよう
「prepare」でいうと何々の準備をするっていうには「for」という前置詞を使う
Prepare for~
前置詞
これを例文ごとおさえておくこと
また、単語集にはたいてい用法が書いてあるからそれをしっかり覚えよう
そして次の覚え方
名付けてスパイラル方式!

こんなイメージで何回も何回も繰り返しながらやるってこと
これがすごく大事！
単語集で覚える時は一回で全部覚えようなんて考えちゃダメ十回二十回繰り返し勉強するんだ
とにかく早く最後まで終わらせることを考えよう
繰り返し
覚える
私単語の意味全部覚えようとしてたから
単語集全然進んでない……
結衣はまじめすぎんだよなー
う…うるさいっ

私がオススメする勉強法
一回目は暗記しないでとりあえず読むだけにする
1回目
とりあえず読む
英語が苦手な人は例文の日本語の意味を読むだけでもいい
ただ単に読書してしまう感じ覚えようとしなくていいんだ
日本語だけなら読めそ……
二回目は…
ただひととおり英単語と意味を読むだけ
2回目
ただひととおり読む
でも英語の例文が読めない場合もあると思う

たとえば pond
意味わかるかな?
「池」です
そのとおり
へー すげー
あ…
でも pondの意味がわからない場合 この例文の日本語訳がわからないよね
He went fishing at a pond.
彼はpondに魚釣りに行った。
そしたら ただもう「彼はpondに魚釣りに行った」なんて日本語訳の中に pondを当てはめて読んでしまえばいい
全部最初から暗記しようとしないで
単語集を二回転三回転させることが大切なんだ
たとえばちゃんと意味をチェックしてみるのは四回転目ぐらいかな
そのときに意味が言えないものだけを抽出してみよう
それで五回転目くらいに意味が言えない単語の一番最初の意味を覚える
prepare
意味は「準備する」

例文の中でそれらの単語を確認してみる
6
七回転目にもう一回全部できるかどうかチェックしてみる
7
八回転目に単語の二番目の意味を覚える
8
九回転目に今度は例文の中での意味を確認してみる
9
十回転目に語法を全部チェックしてみる
10
十一回転目にもう一回意味をチェックしてみる
11
三十回転目には今度は日本語から英語を言ってみる……そんな風にやり方をどんどん変えていこう
とにかく何十回もやるそうすることで完璧に全部覚えることができる
人間の記憶っていうのはそういうもの
繰り返しやることで覚えられる
覚えたーー!!
たとえば人間関係に例えるとわかりやすい
元気?
うん!
一回だけ三時間話したことがある人より
あの
五分ずつ三十六回話したことのある人の方が絶対記憶に残るんだ
うん!
でさー
間隔をあけて何度も勉強する
へー
今度どう?
これが英単語を記憶する時には非常に重要なポイントになるんだ
いいよ!!

あと英単語は
一律じゃないってことを心にとめておこう
？
品詞によって覚え方を変えた方がいいって意味
名詞なんかは丸暗記でも覚えられる
たとえば犬はdogで
猫はcat
ねずみはmouseとかね
でもこれが動詞や形容詞になると例文の中じゃないと覚えにくいんだ
品詞によっても特性があるから覚え方を分けるといいよ
あと※1接頭辞※2接尾辞を覚えておくと非常に役に立つ
たとえばさっきのprepare
prepare
「前」
prepareのpre-というのは「前」という意味があるんだ

接頭辞……単独では用いられず、常に他の語の上について、その語とともに一語を形成するもの。語調を整えたり、意味を添加したりする。
接尾辞……単独では用いられず、常に他の語の下について、その語とともに一語を形成するもの。意味を添加するもののほかに上の語の文法的機能を変える働きをもつものがある。

preが「前」ってわかると
prewarだったら「戦前の」という意味で
predictは「予測する」
preventが「予防する」っていう意味になるのも納得だよね
予測も予防も全部「前もって」という意味を含んでいるよね
Prewar = 戦前の
Predict = 予測する
Prevent = 予防する
こういうのを覚えていればたとえばpredictのdict
これは「言う」って意味だからdictionaryのdictとつながっていったりするんだよ
dictionary
predict
言う
わかりやすい魚偏がついてると魚だったり草冠がついてると植物だったりするよね
英単語も同じ接頭辞接尾辞を知っておくと非常に役に立つよ
鯨《くじら》
鮪《まぐろ》
うおへん
魚
薔薇《ばら》
蒲公英《たんぽぽ》
くさかんむり
艹
ちなみに名詞プラス「ly」で形容詞形容詞プラス「ly」では副詞になるんだ
たとえば「cost」に「ly」で「値段の高い」っていう形容詞
「careful」に「ly」で「注意深く」っていう副詞になる
cost + ly = costly
名詞 形容詞
careful + ly = carefully
形容詞 副詞

そしてもう一つの覚え方
ネットワーキング
これもオススメ
ネットワーキング……？
たとえばnuclear
これは「核の」って
NUCLEAR
核の
nuclear warは核戦争で
nuclear weaponとかatomic bombは核兵器って意味
こういう風にnuclearという言葉ひとつで意味が広がっていくんだ
nuclear war ⇒ 核戦争
nuclear weapon
atomic bomb ⇒ 核兵器

じゃあ今度は
nuclearが
平和利用されることを
考えてみよう
nuclear power plantで
原子力
発電所って意味
ここで
accidentが
起こり
放射能漏れに…
radioactivity
放射能の意味
これがleak……
漏れるという意味
nuclear power plant
「原子力発電所」
nuclear power plant
から
nuclear waste
これは
放射性廃棄物って意味
accident!
「事故」
nuclear waste
「放射性廃棄物」
radioactivity
「放射能」が
leak
「漏れる」
こんな感じで
ネットワークに
して拡大していくと
単語は
とても覚えやすくなる

ただ単語を丸暗記するだけじゃなくて
意味をいつも考えるからね
nuclearだから…
「核」に関すること
連想させれば忘れないっと
なるほど…
わかりやすい……
よしじゃあ最後英単語の勉強法のまとめ!
英単語の勉強はとにかくあらゆる手段を使って
無機的なものを有機的に変えることが必要なんだ
つまりdogは犬みたいにただ表面だけ丸暗記してもだめだってこと
これじゃ無機的つまり生命力の感じられないただの知識にすぎないってことだ

英単語は実体として実感できるように覚えていくことが大切なんだ
そのために例文の中で暗記したりネットワーキングで覚えることで「言葉を有機化して覚える」ことができる
英単語をたくさん覚えれば覚えるほど英文の意味が実感できるようになる
時々文章の前後の流れで英単語の意味は推測できるっていうけど
実際前後の単語の意味がわからないと推測もできないよね
熟語についても単語とほとんど同じだけど
こっちは用法や変化にこだわって勉強する必要がある
たとえば
regard A as B という熟語「AをBだとみなす」って意味

熟語の中に他動詞と目的語がある場合受動態にも変化する

regard A as B＝AをBだとみなす

regard：他　A：目

受動態　A be regarded as B＝AはBだとみなされる

A be regarded as B で「AはBだとみなされる」という感じ

実際の試験では
regard A as B
このasが空所になったり
A be regarded as B
こっちのasが空所になったりだ
英熟語を覚える場合
どのように変化するか
ある程度
その文法的型に
注意しながら
覚えていこう
英単語覚えよ……
長文と単語集を
並行して覚えよう…！
さて
ここまで一気にきたから疲れたろう
少しコラム的な話をしようか

英単語の勉強法!

No.

Date

・英単語はいろんな方法で覚える。

・英単語のBESTな学習法は…

長文の中で単語を覚えつつ単語集を並行!

☆ Japan's obesity rate is relatively low.

☆ 日本の肥満率は相対的に低い。

文章の中で覚えると印象に残って忘れない!
用法も文例と覚えられる!

・単語集は例文がついたものを使うコト!

オレはどーせ
中学の単語
私もだよ(笑
情けは無用

・単語集はスパイラル方式 ぐるぐる で暗記!

何度も何度もくり返しやる

・単語は、ネットワーキングで覚えると良い!

1つの単語をネットワークにして拡大
関連する単語をどんどん覚える!

ハラヘッタ

がんばって
がまんして…!

コラム「辞書との付き合いかた」

よし ここでは
辞書との付き合いかたを
ENGLISH-JAPANESE DICTIONARY
お話してみよう
これは非常に
重要です

みなさんは普段英語長文の問題を
どういう方法で予習しているかな？
わーっとたくさんあってその中に五十も六十も知らない単語があるとしよう
知らない単語が多い！
それを電子辞書とか紙の辞書とかで引いてきれいな英単語リストを作っている人を見かけることがある
ピッ
ピッ
よし！
リストにしよう
私自分で単語リスト作ってる……
辞書の意味をノートに転記するだけの作業
これははっきり言って
時間の
無駄です！

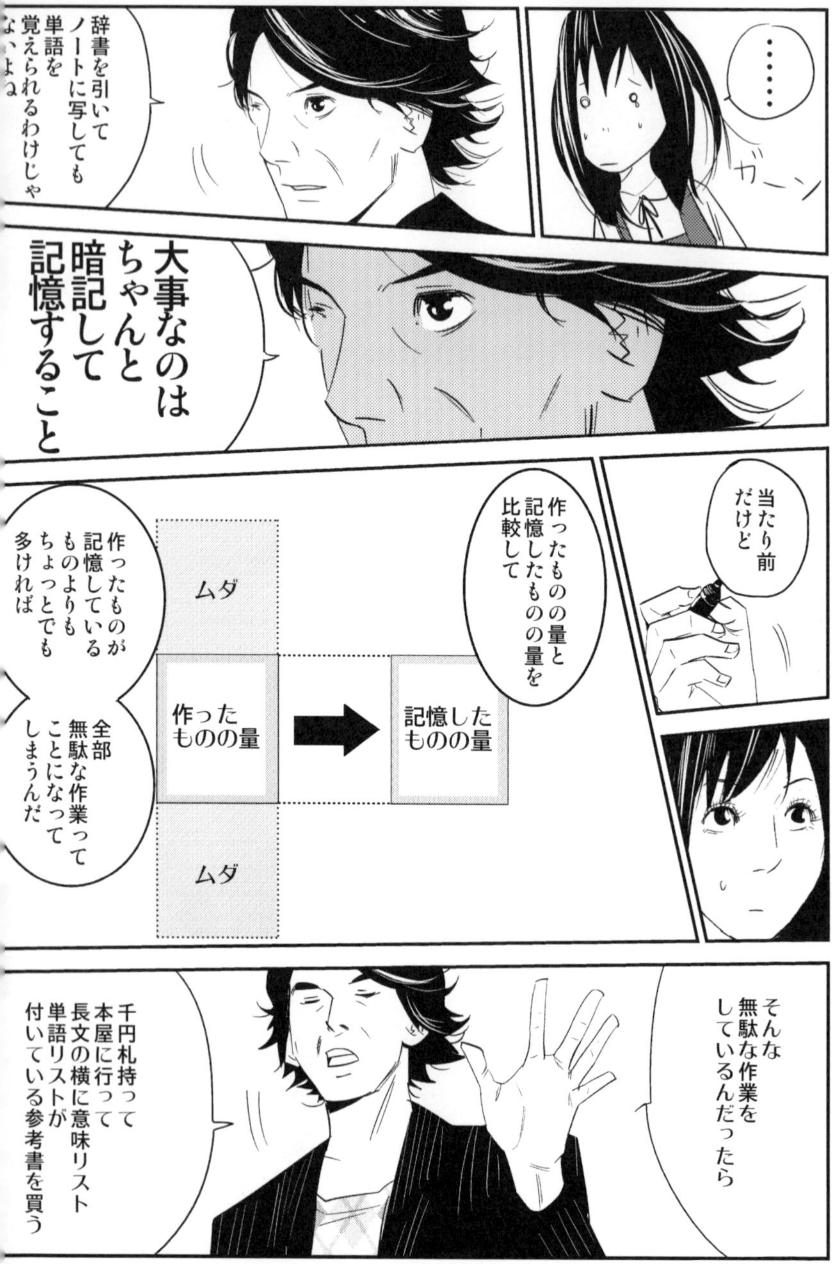
……
ガーン
辞書を引いてノートに写しても単語を覚えられるわけじゃないよね
大事なのはちゃんと暗記して記憶すること
当たり前だけど
作ったものの量と記憶したものの量を比較して
ムダ
作ったものの量
記憶したものの量
ムダ
作ったものが記憶しているものよりもちょっとでも多ければ
全部無駄な作業ってことになってしまうんだ
そんな無駄な作業をしているんだったら
千円札持って本屋に行って長文の横に意味リスト単語リストが付いている参考書を買う

無駄な時間はとにかくぜーんぶ省いて
バッ
時間のムダ
いきなり参考書で英単語を暗記するところから始めるんだ
つまりこの部分を
記憶したものの量
作ったものの量
ムダ
ムダ
千円で買っちゃう
じゃあ辞書はどう使えば…？
でも……
辞書は絶対に引く必要がある
大切なのは
使い方

たとえば
長文の下線部訳や
長文問題の中で
？
一般的な意味では
通じないような
少し変わった
単語の意味が
出てきたりするでしょ
Would you mind doing the dishes?
こういう
ときには
必ず辞書を
引くんだ
ピピピ
そして
辞書の文例を
よく読んで
どういう
意味なのかを
辞書を読みながら
考えるんだ
mind[mind]
[名]1 [U][C](思考·判断·知覚·感情·意思
などの働きをする)心,精神,精神状態
(⇔body, matter). ⇒SPIRIT
つまり
辞書は
『頭を
ひねりながら引く』
ことが大切なんだ
ENGLISH-JAPANE
DICTIONARY

辞書とは本来
そうやって使うものだよ
なるほど
ところでみなさんは電子辞書を持っているかな？
いつも持ってる
私も
今の電子辞書の中には
英和辞典
和英辞典
英英辞典って三種類入ってるものが多いよね
英和
和英
英英
たとえば考えて辞書を使う時って
どんな時だと思う？

私なんかは
英和辞典の内容だけではどうしても解釈ができない時
よく英英辞典で英語の解釈を見たりしてるけどね
みなさんも英英辞典を使ってるかな?
せっかく一台の電子辞書の中に複数入ってるわけだからいろんな辞書を引き比べてみるといいよ
意味調べのための道具として辞書を使うだけじゃダメだよ
頭を使って辞書を引いて読むことが大切なんだ
あ ちなみに電子辞書はカバーなんかつけないで
かばんの中にそのまま放り込んでおくこと

疑問を持ったら十秒以内に辞書を引いて
いつでも解決できるような状態を常に作っておくんだ
出しとこ
っていうか電子辞書買っとこ…
たとえば電車の中で
「つり革」って英語で何て言うんだろう
「つり革」を電子辞書で引いてみる
strap
特に外で引く場合は
和英辞典をよく使うだろう
ブックマーク機能があると思うから引いた単語をブックマークしておくといいよ
また今はスマートフォンの中に入ってる電子辞書を使ってもいい
辞書を正しく効果的に使って
英語のスキルをUPしよう！

第四講

―勉強が得意になるには―

東進ハイスクール
東進ハイスクール
さて みなさんの中には「勉強って 時間さえ費やせば 得意になる」って 考えている人が 多いんじゃ ないかな でも実際はそう単純な ものじゃない
この時間で 私が教えたい ことは
勉強が 得意に なるには！

英語の勉強も そうだけど 勉強全般に 関しても
間違ったやり方で 長い時間をかけても 成績は全く 上がらないんだ 大切なのは……
正しい やり方で 勉強 すること！
勉強時間を 増やして いくのは それからだ
基本的な時間と 勉強についての 考え方を 話してみよう
まず みんなが 意識しなければ ならないこと
それは
時間対効果
時間対効果
時間対 効果？

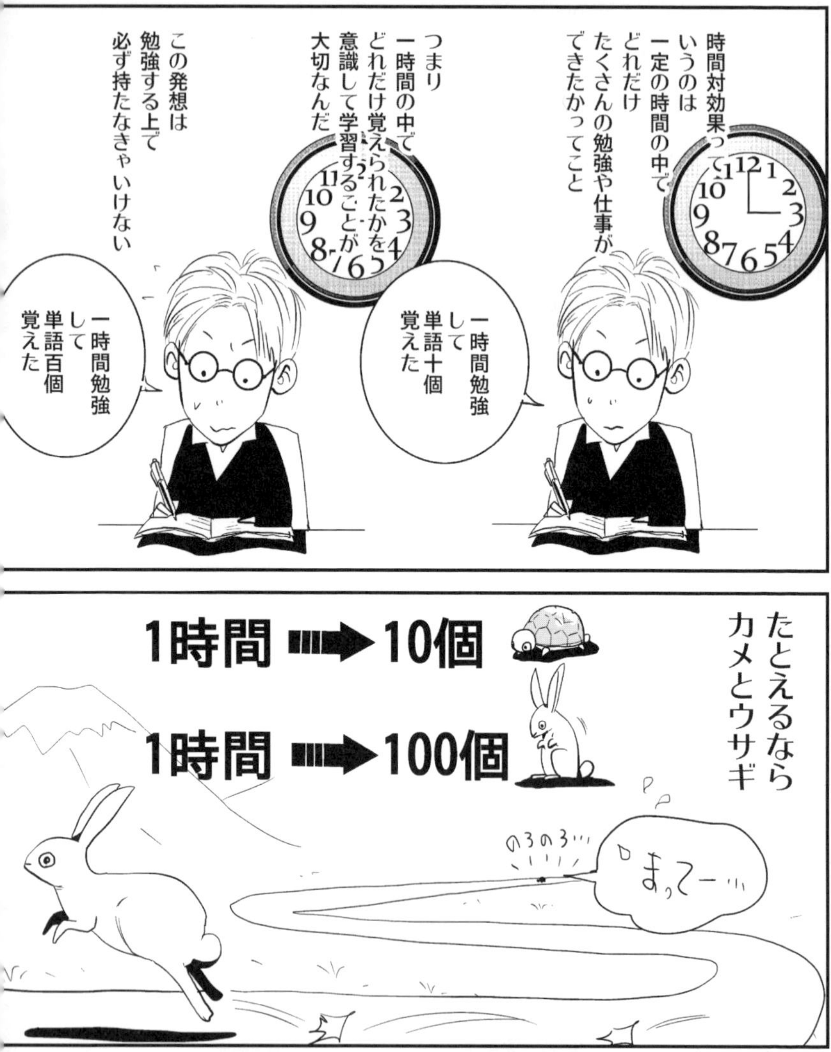

時間対効果っていうのは一定の時間の中でどれだけたくさんの勉強や仕事ができたかってこと
一時間勉強して単語十個覚えた
つまり一時間の中でどれだけ覚えられたかを意識して学習することが大切なんだ
この発想は勉強する上で必ず持たなきゃいけない
一時間勉強して単語百個覚えた
たとえるならカメとウサギ
1時間 → 10個
1時間 → 100個
のろのろ…
まってー…
少ししか暗記できない人がコツコツ頑張って合格するほど
受験は甘くない

つまりカメはウサギに変わる必要がある
一時間に十しかできないようなやり方を変えるんだ
変身!
1時間 → 10個
1時間 → 100個
これは将来仕事をする上でも非常に重要な考え方だから今しっかり身につけよう
この時間対効果を高めるために
つまり十を百にするために私が考えたキーワードはコレ
おけのきもじゅーす
これは言葉の頭文字
最初の「お」は音読の「お」
おけのきもじゅーす
おんどく＝音読
十分机で勉強したら十分音読
10分勉強
10分音読
机と音読の勉強を切り換えることで勉強に張りが出てくるんだ
Imagination 想像力
Imagination 想像力

英語以外の教科でも音読は大切
目だって覚めるし
とっても大事な方法だ
パッチリ!!
「け」は健康の「け」
けのきもじゅーす
けんこう＝健康
健康状態を最適に保つこと
健康だけは自信ありマス
睡眠について考えてみよう
たとえば三時間しか寝てなくてボーッとしている人は
一時間勉強しても十ぐらいしか覚えられないかもしれない
ボーーーッ…
この人が仮に十時間勉強したとしよう
暗記量の合計は百
一方八時間寝てすっきりした状態なら一時間で百覚えられるとしよう
この人が五時間勉強すれば五百覚えられることになるね
そうかぁ

睡眠時間	1時間の暗記量×勉強時間	TOTAL
3時間	10×10	100
8時間	100×5	500

俺も昔徹夜をしたことが……
何だ高満お前でも徹夜とかすんの？
しない
大切なのは適切な睡眠や食事また運動をとり入れて
常に健康状態を最適な状態に保つこと
睡眠を削って勉強時間を稼ぐよりも
食事
睡眠
運動
はるかに多くのことを勉強し習得することができるんだ！

あとは精神的な健康状態を保つことも大事
模試の結果とか成績の上がり下がりに一喜一憂する時間はもったいない
前を向いてどんどん進もう
オレ成績悪くても平気！気にしねー
気にした方が
まあ……とはいってもやっぱり成績のことで悩んだり後ろ向きに考えちゃうことだってあるよね
考えて悩んでも仕方ないのに考えちゃうこの止められないキモチどうすればいいか
二種類の反省に分けるといいと思う
ひとつは精神的に悔やむ
精神的反省
もうひとつは技術的に直す
技術的反省

しっかり直そう なぜ間違えたか 理解し 反省して直す
ここと ここを 間違えたけど
なぜ 間違えたんだ ろう…？
でも 精神的には 一切反省しない
いいや
次 頑張ろ
できなかったら できなかったで割り切る 次に できるようになれば いいんだ
自分で精神状態を 適切な状態に 保つこと
「の」は 能率の「の」
おけのきもじゅーす
のうりつ＝能率
特に ノートに関しては 頭脳に入っていない ノートは 無駄になっちゃう
この 頭に入った 部分だけが 点数として評価される
ムダ
ノート ＝ 頭脳
ムダ
テストで 評価される部分
ムダ
ノート ＝ 頭脳
1：1
ノートが一 ならば 頭脳に 記憶するのも一
これを 保っていこう

「き」は興味の「き」
興味を持つこと
おけのきもじゅーす
きょうみ＝興味
人間って
面白いなとか好きだなって思うものに関してはよく覚えるけど
この科目好き
面白くないなーとか嫌だなーって思うものには拒絶反応を示す
面白くもなんともない！
くらっ
だから拒絶反応を示さないような教材を見つける
これなら面白そう
英語であれば映画のセリフとか大好きな曲の歌詞を英語の勉強の中にとり入れたり
漫画の教材を入れてみるのもいいちょっぴり楽しくなるワクワクする要素を入れることで勉強に興味が持てるようになる
あとは……好きな先生を探すこと先生が好きだと勉強する意欲も湧くよね

「も」は目標の「も」
おけのきもじゅーす
もくひょう＝目標
今の目標は目下大学に合格することだけど
もう少し先に進んで人生全体において考えてみよう
たとえば医者になって世界で活躍したいとか
先生になりたいとか…
将来何がやりたいかっていう目標がしっかり定まっている人は
強い
そして多少上手くいかなくても頑張れる
だからまず大きな目標を定めよう その目標を達成するためにはどの大学どの学部に行きたいか考える
そしてどういう小さな目標を達成していけばいいかを逆算し普段の勉強の目標を作ろう
それが夢につながるんだ
将来は通訳者になりたいから
このG大のG学部に行くために
今毎日十五個単語を暗記しよう
Trade Trade…

「じ」は自己管理の「じ」
おけのきもじゅーす
じこかんり＝自己管理
勉強はやっぱり毎日コツコツが大事
特に英語は語学だからスポーツやピアノと同じで毎日コツコツやることが大切
自己管理をしっかりすることが勉強を成功させる非常に重要なポイント
たとえば学校が終わって家に帰ったらすぐ寝ちゃって勉強できない人
まさに僕です
のらないの…
こぶしをおろせ…
そんな君は学校が終わってから塾に行ってみよう
無理矢理でも塾で勉強するうちにだんだん自分でできるようになる
または学校が終わったら図書館で勉強
よし塾に行こう！

場所を決めて
これを習慣にする
しっかり自己管理をして勉強時間を確保するんだ
この時間はここで勉強
次の「ゆ」は優先順位の「ゆ」
おけのきもじゅーす
ゆうせんじゅんい＝優先順位
優先順位の管理
これが非常に難しい
人間は放っておくと自分のやりたいことだけやっちゃう
それも僕です
サッカーならいくらでも
だからのらないの…
早くこぶしをおろせ…
後回しになっちゃう人は大好きなものを後回しにする習慣をつけてみよう
たとえば朝から予備校に行って勉強する場合一番最初に苦手な教科を片付けちゃう
本日の予定。
最初に苦手な数学 次に理科 ３番目に国語 ４番目が社会 最後に得意な英語の順で今日は勉強しよう
得意な教科を後回しにすればキモチも楽だしいくらでも勉強できる
最後に英語！
全然つらくないぞ

勉強の途中で自分にご褒美ってやり方もいい
勉強を一段落させてやりたいことをやろう勉強する項目に関しても優先順位をつけて受験の点数に直結するものを重点的にやることを心がけよう
やってみます……
ええぜひ
そこはこぶしをあげろ
最後の「す」は素直にやれということ!
おけのきもじゅーす
おんどく＝音読
けんこう＝健康
のうりつ＝能率
きょうみ＝興味
もくひょう＝目標
じこかんり＝自己管理
ゆうせんじゅんい＝優先順位
すなお＝素直
我流にこだわると成績も伸びない
そこはプロの話を素直に聞くことが一番の近道
そう考えて時間対効果を高めれば
必ず勉強が得意になる!

よーし！
じゃあ この辺で ちょっと休憩だ
東進 ハイスクール
東進
んぐっ
んぐっ
はー 久々に 勉強したって 感じ！
勉強は してない でしょ… まだ講義 聞いただけよ
その とおりだ 健太
でも いろいろ 考えちゃった
大学や 将来のこととか ……
そうだな …… ところで健太
志望大学は 決めたのか？

そこなんだよ さしあたって オレの問題点
行きたい大学が 決まってない ……
高満くんは やっぱり T大？
まあね ほかに 行こうとは 考えてないから 一本勝負だ
T大卒業 したら 何するんだ？
弁護士
そのまんまだな… もし結衣に 訴えられたら お前に 電話する
訴えるわよ
リアルに ありそうだな 建太…
健太は やっぱり サッカー関係の お仕事に つきたいの？
まあな
昔から サッカーだけが 取り柄だからな
選手が 無理でも サッカーを 仕事にしてーや

同じ大学行かない?サッカー強いらしいよ
無理 学力違いすぎ
どーせならちゃんと勉強して上を目指せばいいじゃん
だいたいなんでオレが結衣に合わせんの
サッカーへの情熱を勉強に向けろよ
そうすれば今からだって間に合う先生もそう言ってたろ
まあなオレも今日の話聞いてサッカーに関係する英語の記事とか読もうかななんて思った…
めずらしー
うっせ
結衣は決まってんの?
将来の夢
決まってるもん
フライトアテンダントだろ
え?私言ったことあったっけ?
いや……なんとなく

すげーカンだなー!
別に…
でも何でフライトアテンダントなんだ?
それは……
やっぱ言わない!
どうせ制服がかわいいとかだろ!似合わない
うるさいっ!違うもん!
とにかく健太もこの授業が終わるまでに志望校と具体的な将来の夢考えちゃいなよ
目標をはっきりさせることってさっき教わったでしょ
……まあいい機会だよな!
よーし決めてやる大学と将来の夢!
次の講義開始三分前だ
よし戻るか
ええ

美世は編集の仕事したいんだよね？
うん！
漫画家さんに会いたいな……！
昔から漫画とか小説大好きだったもんね
エリカの夢は——
うん中学の頃からずっと変わってないよ
医者になるの

……！
女医さんエリカに似合うね！
絶対なってみせるから
ずっと応援してるから……！
ありがとう
世界で活躍するってすげーことだよな俺サッカーで世界飛び回る仕事したいなー
――…って健太のひとこともあって
フライトアテンダントに決めたんだっけ？
なんでも覚えてるのね高満くんは…
おいいそげ二人とも講義始まるぞ
はいはい今行くわよ
それでは講義を続けます

勉強が得意になるには！

No.

Date

オレのための授業。
そうね(笑)
きずつくわー

・**時間対効果**を意識して勉強する！

1時間の中でどれだけたくさん覚えられたか

うさぎさん

カメさんよりいっぱいおぼえられるよ

たこれ
たこれ？
何コレ？
いーの。
ヘンナ)
いーの笑

・キーワードは **おけのきもじゅーす！！**

お んどく ⇨ 机と音読の勉強を交互にする

け んこう ⇨ 睡眠・食事・運動大切。

成績悪くてもクヨクヨしない！

の うりつ ⇨ ノートに書いたものは全部覚える。 ノート：頭 1：1

き ょうみ ⇨ 面白そうな教材を見つける。 映画とか マンガとか

も くひょう ⇨ 大きな目標・夢を定めて、今すべきことをやる！

じ こかんり ⇨ 勉強する場所を決めて習慣にする。

ゆ うせんじゅんい ⇨ 受験の点数に直結するものをやる！

す なお ⇨ 我流にこだわらずプロの話を聞く。

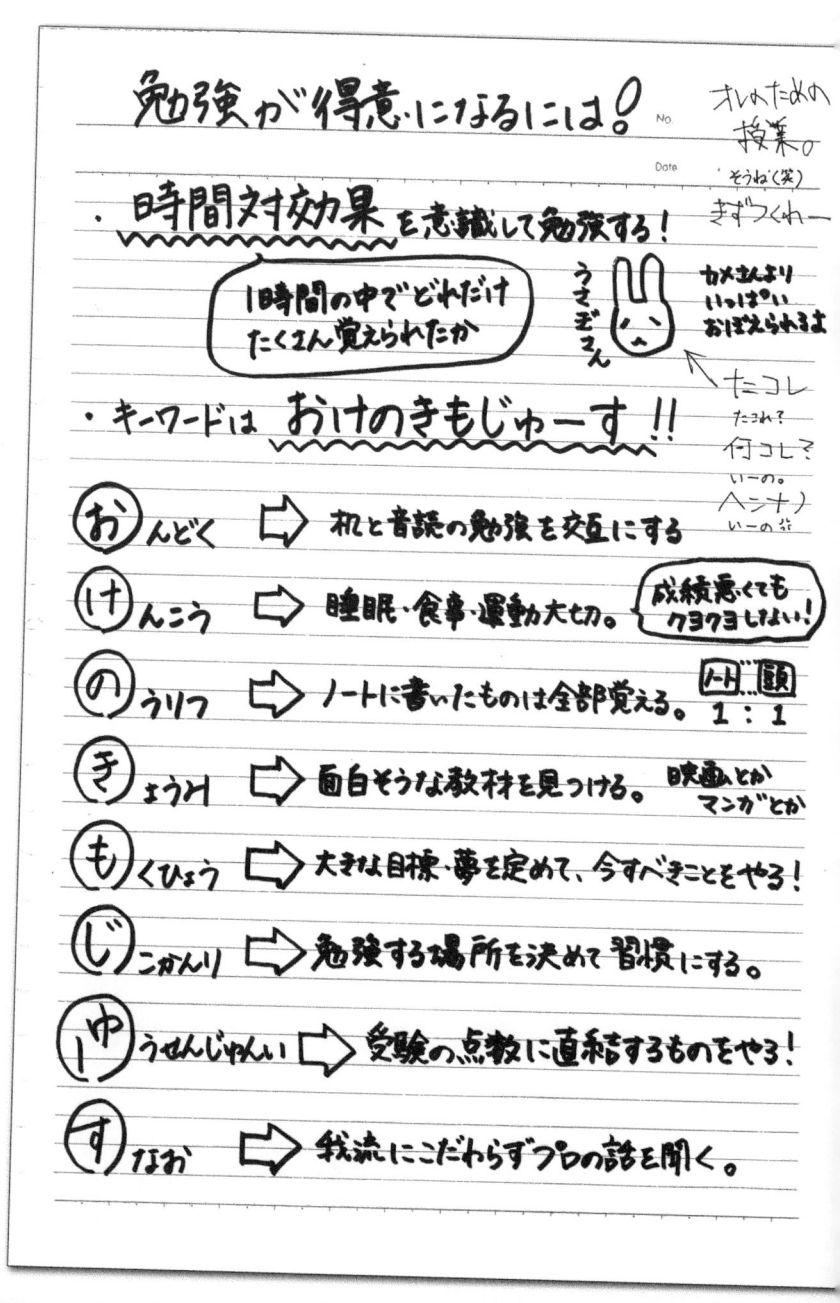

第五講

——英語長文の勉強法——

①精読
②速読
③論理
④多読

次は
英語長文の勉強法についてお話していこう
英語長文は英語の勉強の中で
一番大切だ
でも英語長文には
あっという間にできる方法はない
マジ…
なぜなら長文は
単語
熟語
文法
構文
すべての力が組み合わされた総合力が試されている

いきなり長文が読めるようになる方法はない
だからここでは英語長文の
攻略法を伝授しよう
ちなみに長文が
センター試験に占める割合はどれくらいかわかる？
約2/3
そのとおり
センター試験の前半部分一～二問目は
発音やアクセント文法の問題
これらは個別の知識を試す問題で
三問目から後ろは全部長文問題つまりセンター試験の三分の二は長文問題なんだ
センター試験
200点
1/3
知識
2/3
長文
センター試験対策として文法や発音を一生懸命やるだけではダメ
センターの本体はこの長文読解問題なんだ

さらに
発音
アクセント
文法の問題は
だいたい一問
二点くらい
一方
長文問題は一問五点以上
センター試験
200点
$\frac{1}{3}$
知識
$\frac{2}{3}$
長文
1問2点
1問5点
だから長文が
できなければ
ほかでいくら
点数を稼いでも意味がない
そっかぁ
これは私大や
国立大学の
二次試験も同じ
文法や発音は
ほとんど出題されず
長文だけなんてこともある
つまり
英語長文が
できなければ
試験で点数は
取れないと
断言してもいい
もちろん
単語や文法
発音 アクセントも
長文を
読解するために
勉強する必要がある
重要なのは
それらと長文を
どうバランス良く
勉強していくかだ

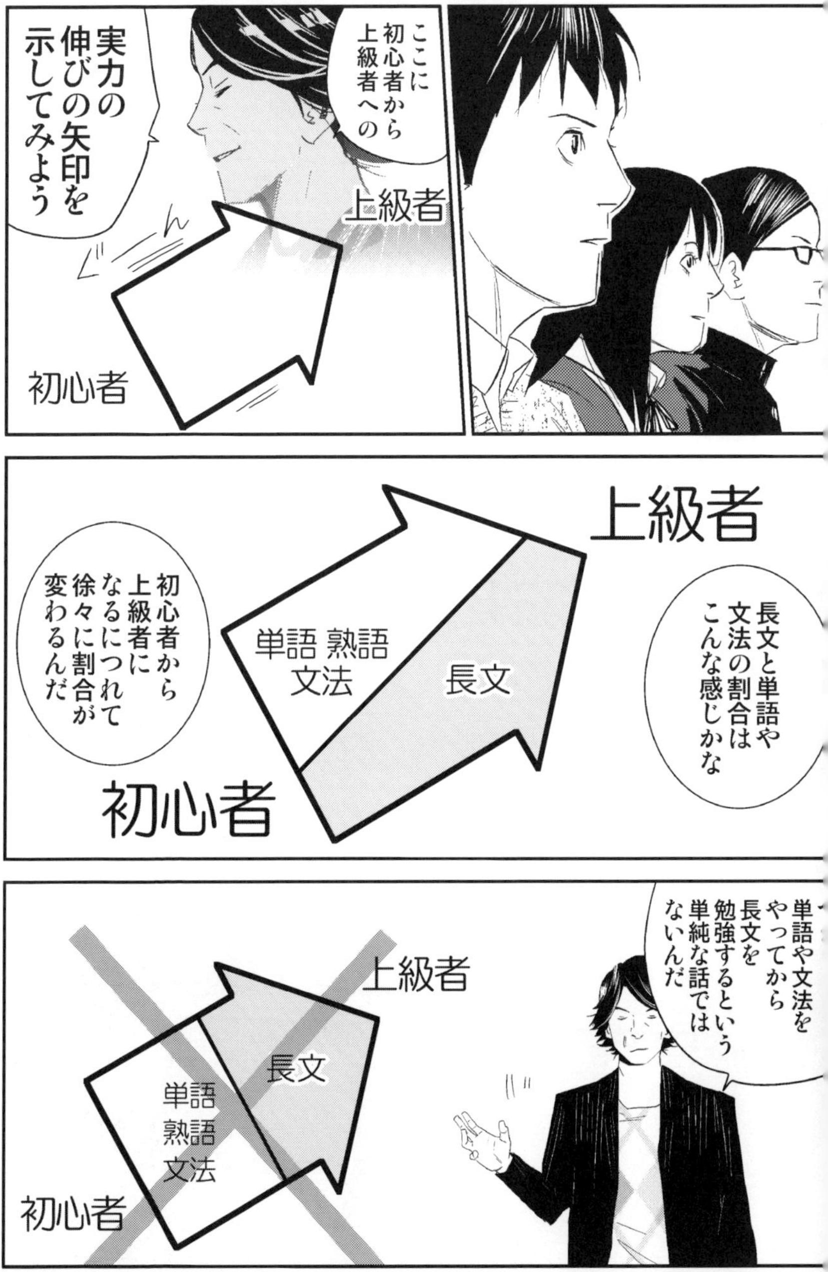
ここに初心者から上級者への
実力の伸びの矢印を示してみよう
上級者
ぐーん
初心者
長文と単語や文法の割合はこんな感じかな
上級者
単語 熟語
文法
長文
初心者
初心者から上級者になるにつれて徐々に割合が変わるんだ
単語や文法をやってから長文を勉強するという単純な話ではないんだ
上級者
長文
単語
熟語
文法
初心者

英語はやっぱり
音楽や
スポーツによく似てるんだ
サッカー部の人
ここにいるかい？
あ…！
はい！
単語や
文法を
ドリブルやパス練習
または兎跳びのような
いわゆる筋トレに
たとえるならば
いくぜ!!
筋トレ
上級者
単語 熟語
文法
長文
初心者
試合
長文はいわば
試合みたいな
ものだ
勝つためには
筋トレを
毎日
やらなくちゃ
いけないよね

君たち受験生の最終目標は何かな？
えと……入試に合格することです
そのとおり入試に合格することだ
じゃあそのためにどういう勉強をすればいいだろうか
たとえば四月から八月まで筋トレばかりしてて九月にいきなり初めての試合
よし！勝つぞ！
勝てるだろうか？
勝てない…です
練習試合で感覚つかまないと……
そう！筋トレを続けて徐々に試合の量を増やし本番に臨む
これが理想！
これは英語でも同じだ

そうか……
単語や熟語文法などの個別の勉強が筋トレで長文学習にあたるのが練習試合
両者のバランスが大切なんだ
そこで具体的な長文の勉強法についてお話しよう
英語長文を制するには三つの力が必要になる
それが
精読力
論理力
速読力

まず精読力
これは一つの文を細かく丁寧に読んで解釈する力
それから速読力
これは文章を素早く読む力 速読では英語を日本語に変換せずにどんどん読む
センター試験ではこの力が一番重要になる
最後に論理力
これは個々の文が読めるだけでなくパラグラフごとに何が書いてあるかさらに筆者の主張は何かという
論理的に構造をとらえる力のこと

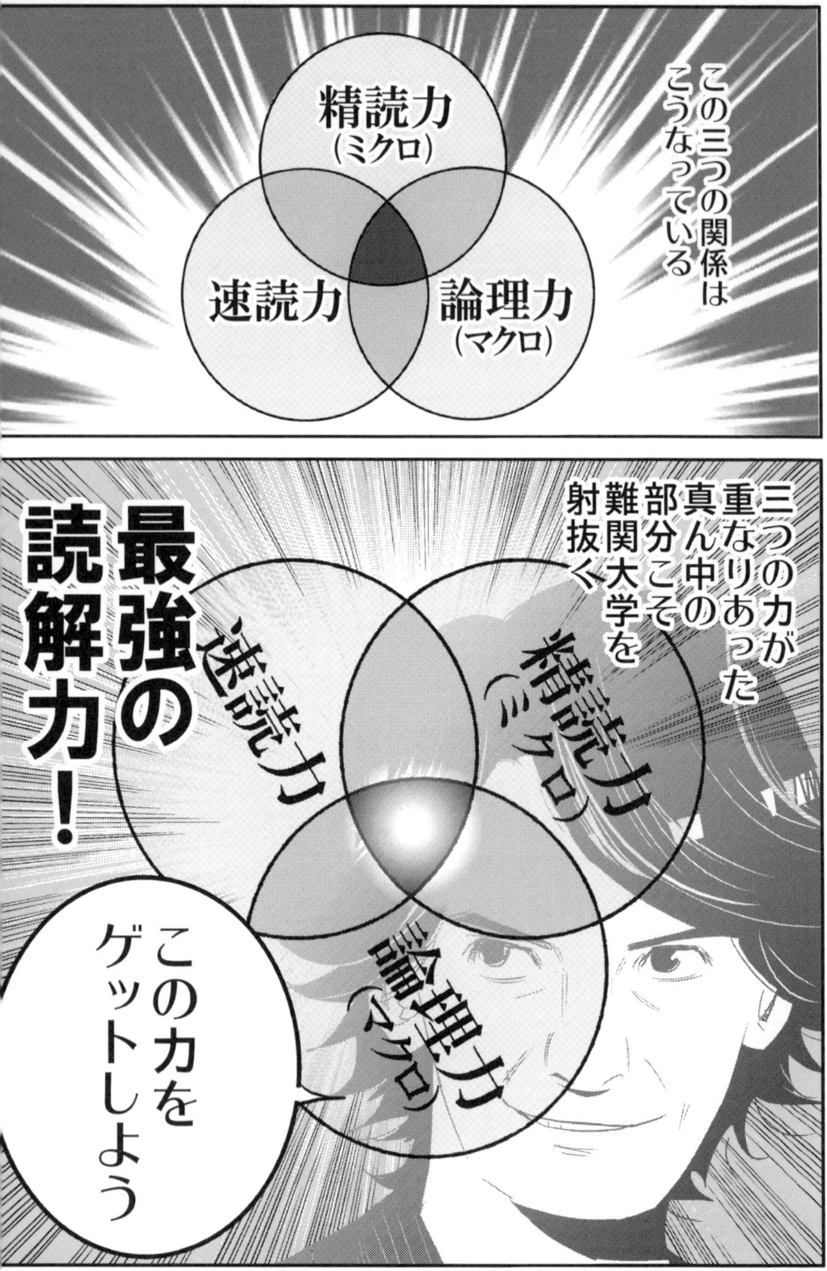
この三つの関係は
こうなっている
精読力
(ミクロ)
速読力
論理力
(マクロ)
三つの力が
重なりあった
真ん中の
部分こそ
難関大学を
射抜く
最強の
読解力！
精読力
（ミクロ）
速読力
論理力
（マクロ）
この力を
ゲットしよう

英語長文の勉強法
①精読力
精読力（ミクロ）
さて
精読力を磨くには
どうすれば
いいのでしょう
ここでは
文の構造を正確に見抜く力が大切になる
Students who are interested in attending the summer festiva
are required to fill out a form and submit it.
attend…………参加する
require……… 必要がある
fill out………記入する
form……………用紙
submit…………提出する
訳せるかな？
うーん……不安
下線部和訳の問題の解答でよく見かけるのがこんな訳
『生徒が夏祭りに興味を持って参加し用紙を記入して提出する必要がある』
単語をつなげただけ

これじゃ正確な和訳とはいえない
……
簡単な文章なら単語をつなげれば意味はわかるだろうが
ちょっと文が複雑になったり内容が抽象的になるとそう簡単には見抜けない
英文の中にある『S』が『V』するという主語*と述語*
これを正確に見抜く力を身につけよう!

＊主語(S)……文の先頭に置かれ、「〜が」「〜は」にあたる言葉。英語で主語になるのは、「名詞」「名詞句」など、名詞の働きをする要素のみ。

＊述語(V)……ふつう、主語の後ろに置かれ、「……する」「……である」にあたる言葉。英語で述語になるのは、動詞のみ。

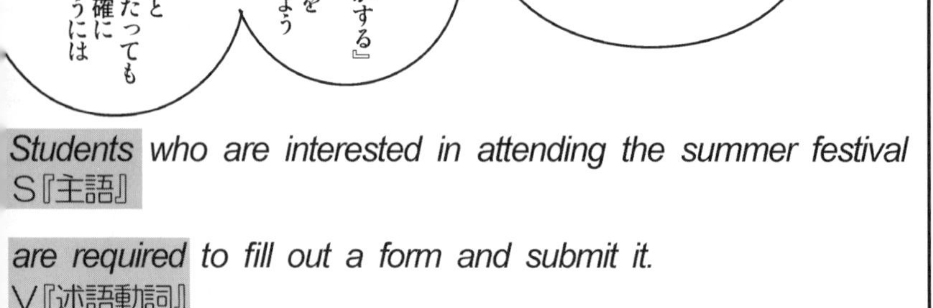
ここでは
Studentsが主語
are requiredが
述語動詞*
まずは文の中で『何が何とかする』っていう主語と述語を必ず見つけよう
これができないといつまでたっても英語を正確に読めるようにはならない

Students *who are interested in attending the summer festival*
S『主語』

are required *to fill out a form and submit it.*
V『述語動詞』

＊述語動詞……省略して「動詞」といわれる場合が多い。文の要素になる動詞のこと。

たとえばこの文中だけでも五つの動詞があるけど
これらの動詞から主語に対応する述語動詞を見つけることが大切
動詞①
動詞②
Students who are interested in attending the summer festival
S『主語』
動詞③
動詞④
動詞⑤
are required to fill out a form and submit it.
V『述語動詞』
よし今度は文頭に英文をちょっと足してさらに複雑化してみよう
According to the principal, students who are interested in attending
the summer festival are required to fill out a form and submit it.
うわ……
……
ちょっと増えたけど主語も動詞も同じ語句だよ
じゃあ文の構造を説明してみよう
the principal, students who are interested in attending
festival are required to fill out a form and submit it.

according toが一つの*前置詞の働きをしていて
この前置詞の働きをするものから後ろの名詞までは全体で*副詞の働きだ
つまり副詞句だから( )でくるこういう構造も知っておくこと
副詞句
According to the principal, students who are interested in attending
前置詞の働き
the summer festival are required to fill out a form and submit it.
＊前置詞…名詞の前に置かれ、時や場所などを表す働きをする言葉。
＊副詞……名詞以外の様々な言葉を修飾することができる言葉。
このstudentsという単語が*先行詞と呼ばれるもの
この文のように副詞句が前にあって文の先頭にせりあがって出てくる場合は副詞句の後
そして文の一番最初に出てくる名詞が主語になるという構造も知っておこう
the principal, students who are inter
先行詞
＊先行詞……関係代名詞を使って説明・修飾される直前の名詞。
なんとかわかる……
私も

ここで使う
whoを
*関係代名詞という
このwho
という言葉が
students
という名詞を後ろで
修飾説明する
*形容詞の
働きをする
大きな節

つまり形容詞節を
つくっているんだ

後ろで名詞を修飾説明する形容詞の働き

According to the principal, students ***who*** *are interested in attending the summer festival are required to fill out a form and submit it.*

関係代名詞

＊関係代名詞………名詞の後ろに修飾部分を置くときに使われるつなぎ言葉。whoやwhichなど。

＊形容詞……………名詞を修飾する言葉。

形容詞節の中には
ふつう述語動詞は
存在しないってことも
知っておこう

述語動詞は
その節を
閉ざして
外にあるんだ

さらに
attending
のような*動名詞や
to fill
のような*不定詞は
その文の
述語動詞に
なることはできない

こういう構造が
わかっていないと
読み間違えちゃうんだ

According to the principal, students who are interested in attending the summer festival are required to fill out a form and submit it.

述語動詞になれない

述語動詞

＊動名詞………動詞の形を Ving という形に変えたもの。名詞の働きをする。

＊不定詞………動詞を to V という形に変えたもの。名詞や形容詞や副詞の働きをする。

特に下線部を和訳する問題は構造を理解してないと読み間違えるようなところに下線をつけて問題にしている
精読の勉強は文法の延長線上にある
だからこそ普段から精読の勉強をして構造を理解することが非常に重要なんだ
関係代名詞はこれで述語動詞はこれ…っと
文法の授業でもS、V、O、Cとかやるよね
SとVを見抜くためにこのSVOCの間に入るもしくは前にくっつくMといわれる修飾語句＊がどこにあるのか
修飾語句
修飾語句
M
M
S
V
O
C
M
M
修飾語句
修飾語句
これをちゃんと見抜いていくことも大事
それを見抜くためにはどんなものが修飾語句になるのかを知らなくちゃいけないよね

＊修飾語句…S・V・O・Cを修飾して詳細に説明する語句。
文の要素（文型）には直接関係ない。

精読を勉強するときはSVOCという記号に加えて
別の記号システムも使っていくといいよ
別の…？
たとえばわたしのオススメは（　）や［　］を使っていくこと
まず丸カッコで囲んだものは全部副詞句や副詞節と決める
前置詞プラス名詞や多くの従属接続詞プラスSVは副詞句や副詞節になるからそれらを丸カッコで囲めばいいんだ
（前＋名
従節＋ＳＶ）＝（副詞句
副詞節）
さっきの文を見てみよう
according toが一つの前置詞の働きをしているからaccording toからprincipalの名詞までをカッコに入れるとその後の名詞が主語だとすぐにわかる
副詞句
(According to the principal,) students who are interested in attending the summer festival are required to fill out a form and submit it.
前置詞の働き
名詞
主語

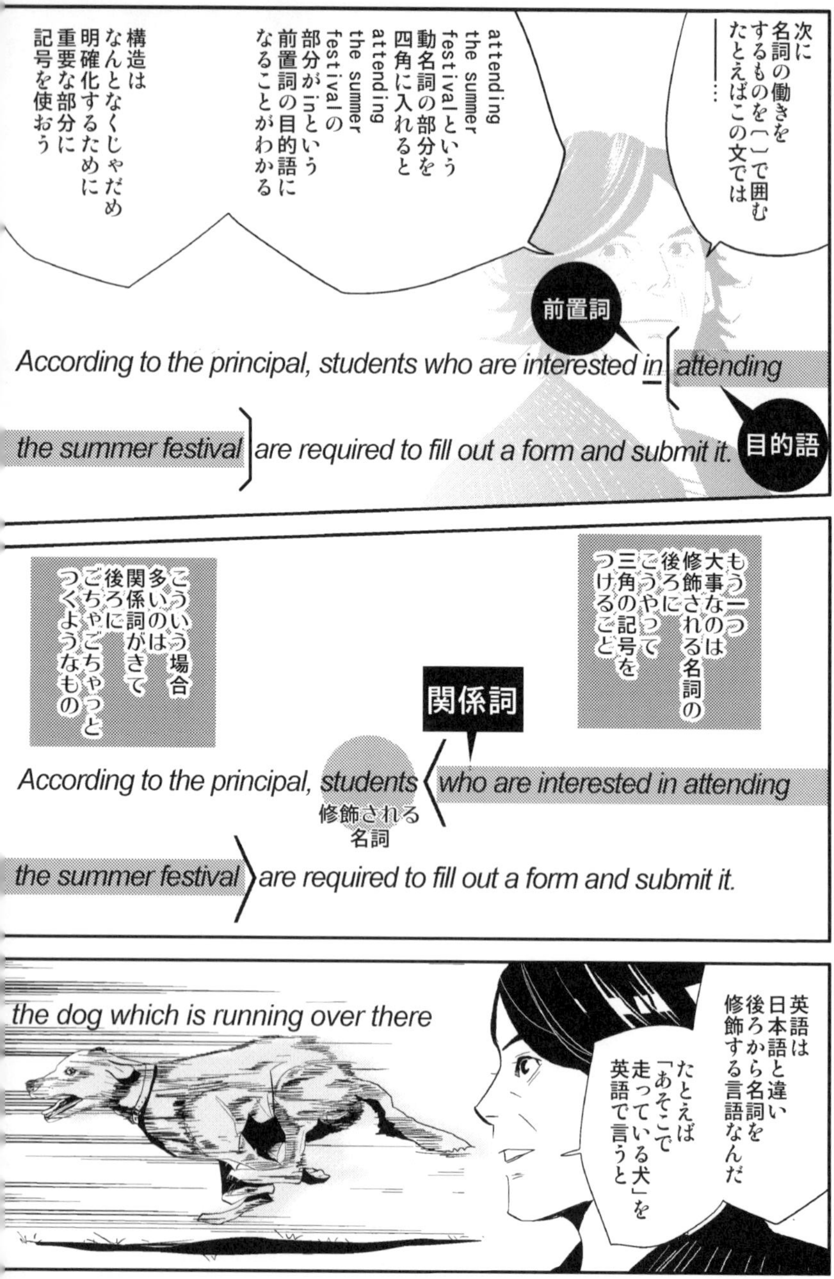
次に
名詞の働きをするものを［］で囲む
たとえばこの文では――…
attending the summer festivalという動名詞の部分を四角に入れるとattending the summer festivalの部分がinという前置詞の目的語になることがわかる
構造はなんとなくじゃだめ明確化するために重要な部分に記号を使おう
前置詞
目的語
According to the principal, students who are interested in attending the summer festival are required to fill out a form and submit it.
もう一つ大事なのは修飾される名詞の後ろにこうやって三角の記号をつけること
こういう場合多いのは関係詞がきて後ろにごちゃごちゃっとつくようなもの
関係詞
修飾される名詞
According to the principal, students who are interested in attending the summer festival are required to fill out a form and submit it.
英語は日本語と違い後ろから名詞を修飾する言語なんだ
たとえば「あそこで走っている犬」を英語で言うと
the dog which is running over there

犬がくる位置に注目してみて
日本語だったら後ろ英語だったら前で順番が逆でしょ
英語の構造を理解するためにもこれらの記号を使うことがとっても重要なんだ
あそこで走っている犬
the dog which is running over there
そっかぁ……
最後にいい和訳とダメな和訳を紹介しよう
ダメな訳
△これじゃ
According to the principal, students who are interested in attendin
the summer festival are required to fill out a form and submit it.
「校長先生は生徒が夏祭りに興味を持って
参加するなら用紙を記入して提出する必要があると言った。」

確かに意味は通じる
でも大学入試では構造が理解できてるかを試しているから入試の解答としては△だ
正しい訳できる？
校長先生によれば、夏祭りに参加することに興味がある生徒は用紙を記入して提出する必要があるということだ。」
完璧だ！
大学入試では意味を正確に理解してるかだけでなく構造が理解できてるかも試される
さすが……
ひとつひとつの文を正確に読む精読訓練は
速読や論理力の下準備にもなる
ちなみに普段の勉強で長文を全部和訳しながら精読の勉強をする必要はない
長文の場合下線部だけを集中的に和訳するといいよ

英語長文の勉強法 ②速読力

長文読解を進めていく上で重要なのが精読・速読・論理のバランス
勉強の順序を言えば精読↓速読↓論理とこうなる
精読力
（ミクロ）
速読力
論理力
（マクロ）
そこで次は——…
速読力を身につけるための勉強法だ
まず精読のお話をしたのは文法構造や形がわからなければデタラメ速読になってしまうから
すると簡単なものは読めてもとたんに難しくなると読めなくなってしまう

実際の入試では精読していると時間が足りなくなるから
精読力（ミクロ）
速読力
必ず速読へと進むこと
そして精読と速読を並行して勉強することが大切
たとえばこの例文
Animation made in Japan is called “Japanimation”, and people all over the world love it.
わかるかな？
精読をするときは修飾関係をはっきりさせるために後ろから名詞に意味をつけて訳したりするよね
でも下線部和訳じゃない部分については左から右にどんどん読まないと解く時間がなくなってしまう
Animation 〈made in Japan〉 is called 〈“Japanimation”, and people all over the world〉 love it.
名詞
今みんなに一番必要な力は英語をそのまま読んで理解する力だ

英語の特徴は何だったか覚えてるかい？
えっと…名詞の後ろに修飾する語句がくること…？
そう名詞の後ろに修飾部分
つまり後置修飾部分がくるんだけどこれが英語の最大の特徴
Animation 〈made in Japa
後置修飾部分
日本語に訳す時後ろからひっくりかえして理解しようとするのは日本人だからやることなんだ
Animation 〈made in Japan〉
アニメ 〈日本で作られた〉
一方ネイティブスピーカーは名詞を具体化するために
Animation made in Japan is called “Japanimation”, and people all over the world love it.
OK that’s interesting!
名詞に付属する情報をあとから付け足していく読み方をするんだ
『日本で作られたアニメ』じゃなくて
Animation made in Japan is called “Japanimation”
「アニメ」「それは作られたものである」「どこで作られたかというと日本であるが」「呼ばれているのである」「ジャパニメーションと」
……と読めばいいんだ

ここではきれいな日本語にしなくていい
英文を前から処理して速読するんだ
さて
ここで速読するときのポイントを
それは意味の区切りでビシっと切りながら読むことだ
nimation / made in Japan / is called / “Japanimation” / ,and
eople / all over the world / love it.
たとえばこれを変なところで切っちゃうと
Animation made in / Japan is / called “Japanimation”, and
people all over the / world love it.
あれ？
意味をとり違えてしまう
ひとつひとつの意味の区切りの部分を『センスグループ』というんだ
このひとつひとつのグループがひとかたまりの意味になるから英語が苦手な人ほど短めに切るといい
Animation made in Japan
is called “Japanimation” ,and people
all over the world love it.
英語が得意になるにしたがってひといきを長くしていこう

たとえば
people
all over the world
Animation made in Japan is
people all over the world love it.
ここは全部
つなげてもいいし
peopleの
後で区切ってもいい
でも
いくらなんでも
文法を無視して
Animation made in Japan is
people all over the world love it
こんな風に熟語を
区切るのはダメだ
あと
このように
前置詞に
名詞がついている場合も
made in Japan is called
over the world love it.
inと
Japanの間では
切らないこと
どこで
区切ればいいか
わからなく
なっちゃうかも
最初は
区切るのが
難しいかも
しれない
だから
ここで――…

『センスグループの切り方ルール五か条』を話しておこう！

「センスグループの切り方ルール5か条」

①文法に従うこと。文法的な要素で、切り分けていこう！

②前置詞や接続詞の前で切り分けていこう！

③カンマ(,)があるところでは切ろう！ 読点だからね。

④文頭の副詞と主語の間で切ろう！

⑤後置修飾部分、つまり三角の記号(＜＞)がついている、
三角の記号のはじめとおわりで切ろう！

具体的に言うと二語から五語くらいの切り方なんだ
なるほどね

全部覚えなきゃ…！

このセンスグループの切り方ルール五か条に従うと――
『Animation made in Japan』は
madeの前とJapanの後ろで切ることになる
Animation / made in Japan / is
people all over the world love it.
最初はこのルールに従って切っていけばいい
よっしゃ……!
でも
これを目で追っかけるだけじゃだめだ
速読ができるようになるには
音読が欠かせない
やはり音読……

英文を音読して聴くことが大切なんだが
Animation made in Japan～…
……後《あと》には戻れないから
……なんか意味深な発言だな
じゃぁなぜ音読と聴くことが英語の速読にとって重要だかわかる？
そのとおり
たとえばこういう文があるとする
There is an apple on the desk.
英語を音読したり英語を聴いたりしながら意味を理解するとき
左から右への流れがあるから後ろから前に戻って解釈することができないよね
There is an apple on the desk.
『ある/リンゴが/机の上に』

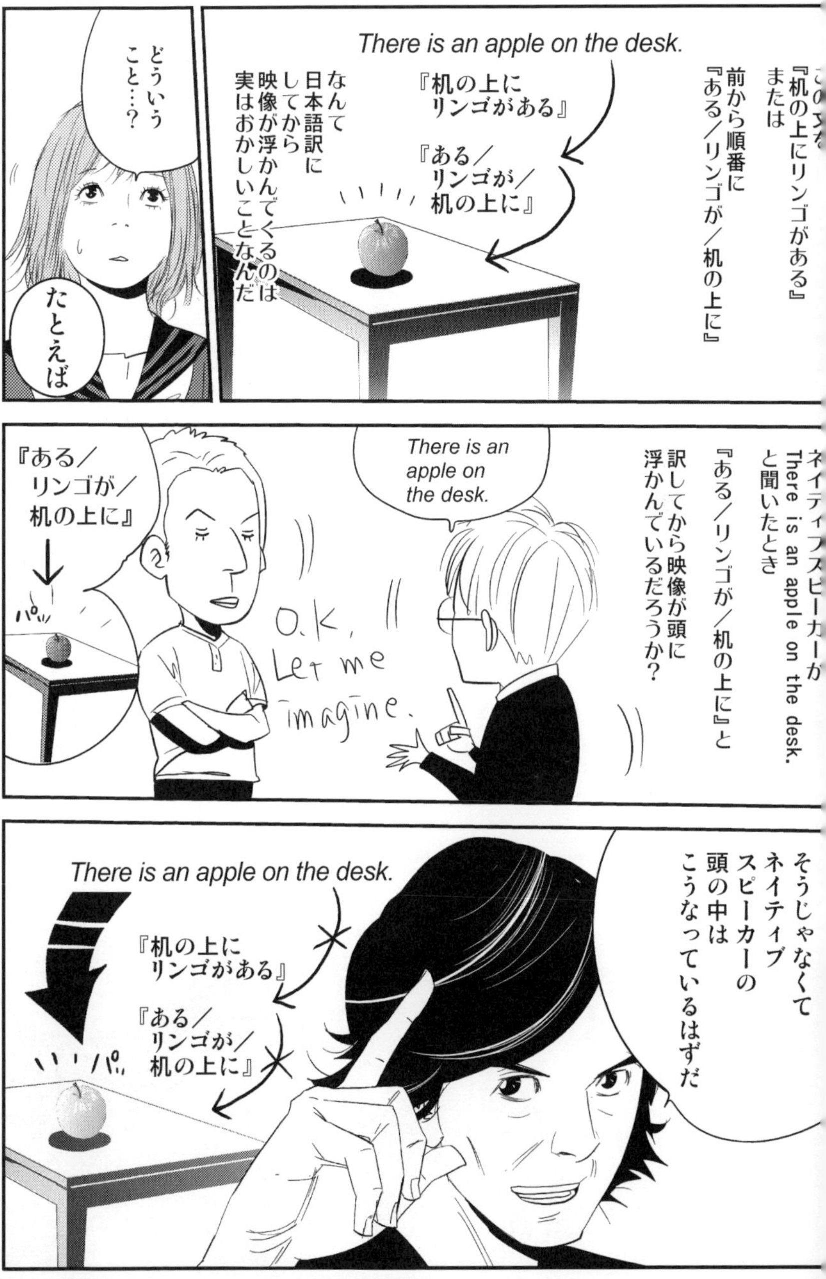
この文を『机の上にリンゴがある』または
前から順番に『ある／リンゴが／机の上に』
There is an apple on the desk.
『机の上にリンゴがある』
『ある／リンゴが／机の上に』
なんて日本語訳にしてから映像が浮かんでくるのは実はおかしいことなんだ
どういうこと…?
たとえば
ネイティブスピーカーが There is an apple on the desk. と聞いたとき
『ある／リンゴが／机の上に』と訳してから映像が頭に浮かんでいるだろうか?
There is an apple on the desk.
O.K, Let me imagine.
『ある／リンゴが／机の上に』
パッ
そうじゃなくてネイティブスピーカーの頭の中はこうなっているはずだ
There is an apple on the desk.
『机の上にリンゴがある』
『ある／リンゴが／机の上に』
パッ

だから最終的には
There is an apple on the desk.
と言われたら
There is an apple on the desk.
パッ！
この映像が頭の中にパッと浮かばなくちゃいけない
わかりました…
文のピリオドまで音読したときにうなずけるということは頭の中に映像が出てきてるということ
つまりネイティブスピーカーと同じ頭になったたってことだ
うん！
His favorite thing
o do is playing baseball.
ooo
でも最初からこの状態を目指して音読をするのは難しい
だから英語が苦手な人はあえて最初だけはセンスグループごとに日本語に訳しながら読もう
There is an apple on the desk.
ある リンゴが 机の上に
そうしよ…
たとえばこう声にだして
読むといい

Animation「アニメーションは」/
made in Japan「日本で作られた」/
is called「呼ばれている」/
“Japanimation”,「ジャパニメーション」/
and people「そして人々は」/
all over the world「世界中の」/
love it.「それが大好きだ」/
セン
グループごとに
最初は
英語↓日本語
英語↓日本語
英語↓日本語
と読んでいく
センスグループ
英 Animation made in Japan is called “Japanimation”
日 アニメーション 日本で作られた 呼ばれている ジャパニメーション
ただし
センスグループでは
後ろから前に読むことは
絶対禁止!
和訳を
ノートに書くのも
速読のときには
絶対禁止!
これを繰り返せば
日本語の意味が
パッと頭の中に
描けるようになるよ

次に日本語に訳さず英語だけでセンスグループごとにうなずきながら読んでみる
Animation(うん) made in Japan(うん) is called(うん) "Japanimation",(うん) and people(うん) all over the world(うん) love it.(うん)
英語だけでピリオドまでうなずけることを目指そう それができたらどんどん速く読む
速く読むときにはセンスグループを大きくしていくんだ
英文を耳から理解できるというのが究極の速読 この状態を目指そう
Animation made in Japan/is called "Japanimation",
and people all over the world/love it.
最後に速読のための適切な教材の選び方だが
これには二つの条件がある
まず最初に自分の精読しているレベルよりもニランク下くらい簡単な教材を選ぶこと
高校の英語で苦しんでる人は中学の英語から
とにかく単語や構造が簡単なものから始めること
これならわかる…かな
パラパラ

よし！
ちゅーがくから
いくぜ
二つ目
CDが
付いていること
最後の仕上げの
『聴く』という作業は
実際に
CDで聴きたい
内容を100％理解して
速読できる英文を
増やしていこう
そうすれば
英語力が
ぐんぐん伸びていることが
実感できるはずだ
速読も量より質
一つに絞り込んで
徹底的に理解することが
大切

君たちは音楽プレイヤーを持ってるかい？
持って…ます 登校時に聞く用に
クラシックを聞く用だが…
どうしたの健太？
これまで勉強道具になるのか…？
もし音楽プレイヤーを持ってるならそれらもどんどん勉強に使おう
iPodやオーディオプレイヤーの中にプレイリストを作るんだ
そして100%読めるようになった英文から少しずつプレイリストに入れていく
一度に一気に入れないでマスターしたものから少しずつだ
それをリピートモードで聴いて直読直解をすることが速読の訓練には極めて有効だよ！

英語長文の勉強法 ③論理力

ここでは論理力のつけ方を勉強しよう
これで最強の読解力をマスターできる！
論理……
論理っていうのは考えとか議論を進めていく筋道のこと
よしこの道で行こう！
論理
たとえばセンターレベルの長文問題であれば論理力がなくても大体読めるし解ける
それこそ日本語に訳したら小学校六年生の国語の問題みたいだ
簡単だ！

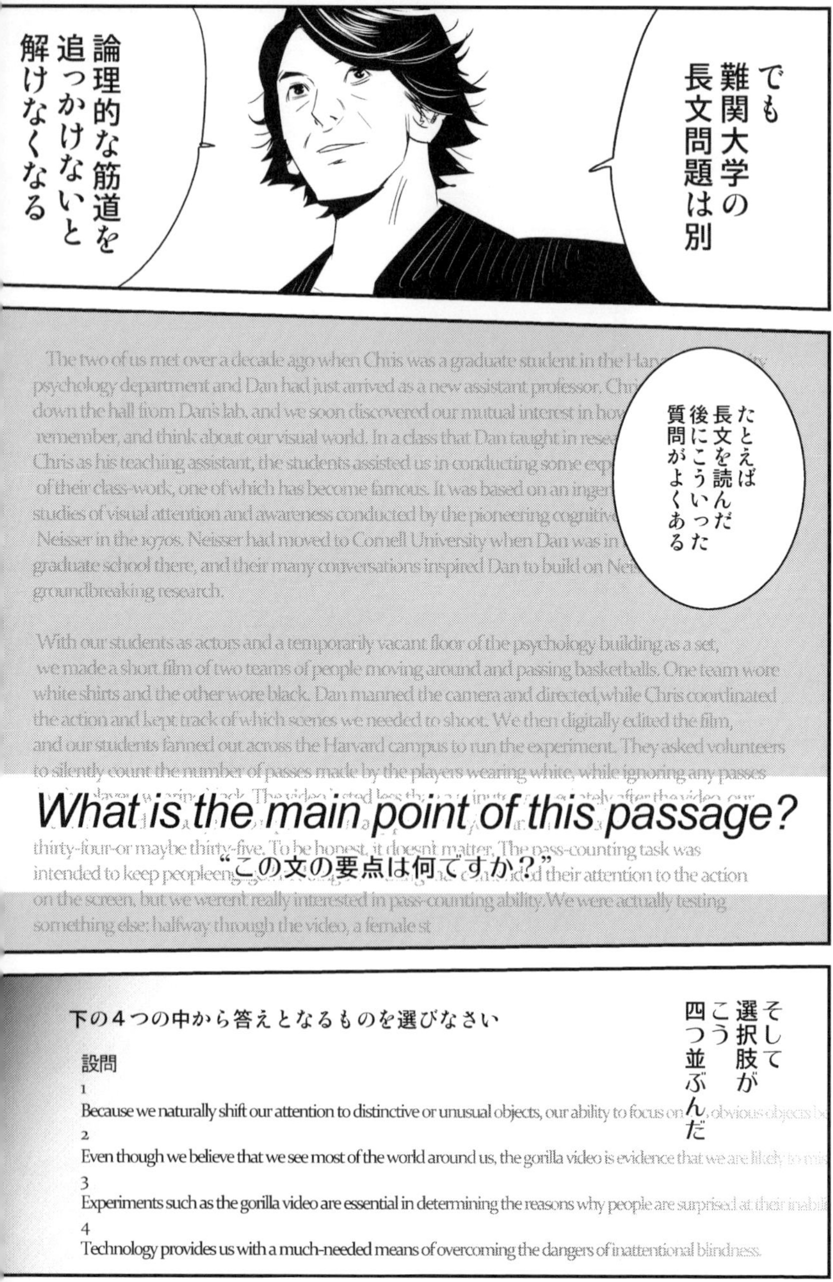

でも難関大学の長文問題は別
論理的な筋道を追っかけないと解けなくなる
たとえば長文を読んだ後にこういった質問がよくある
The two of us met over a decade ago when Chris was a graduate student in the Harv
psychology department and Dan had just arrived as a new assistant professor. Chri
down the hall from Dan's lab, and we soon discovered our mutual interest in how
remember, and think about our visual world. In a class that Dan taught in rese
Chris as his teaching assistant, the students assisted us in conducting some exp
of their class-work, one of which has become famous. It was based on an ingen
studies of visual attention and awareness conducted by the pioneering cognitive
Neisser in the 1970s. Neisser had moved to Cornell University when Dan was in
graduate school there, and their many conversations inspired Dan to build on Nei
groundbreaking research.
With our students as actors and a temporarily vacant floor of the psychology building as a set,
we made a short film of two teams of people moving around and passing basketballs. One team wore
white shirts and the other wore black. Dan manned the camera and directed, while Chris coordinated
the action and kept track of which scenes we needed to shoot. We then digitally edited the film,
and our students fanned out across the Harvard campus to run the experiment. They asked volunteers
to silently count the number of passes made by the players wearing white, while ignoring any passes
thirty-four-or maybe thirty-five. To be honest, it doesnt matter. The pass-counting task was
intended to keep peopleeng
d their attention to the action
on the screen, but we werent really interested in pass-counting ability. We were actually testing
something else: halfway through the video, a female st
What is the main point of this passage?
“この文の要点は何ですか？”
そして選択肢がこう四つ並ぶんだ
下の４つの中から答えとなるものを選びなさい
設問
1
Because we naturally shift our attention to distinctive or unusual objects, our ability to focus on
2
Even though we believe that we see most of the world around us, the gorilla video is evidence that we are likely to mis
3
Experiments such as the gorilla video are essential in determining the reasons why people are surprised at their inabil
4
Technology provides us with a much-needed means of overcoming the dangers of inattentional blindness.

レベルが低い問題だと本文に矛盾するか本文に書いてないものを消去していけば答えが一つに絞れるけれど
難関大学の問題だと全部本文中に書いてある事柄が選択肢になっているんだ
Because we naturally shift our attention to distinctive or unusual objects, our ability to
2
Even though we believe that we see most of the world
3
Experiments such as the gorilla video are essential in
4
Technology provides us with a much-needed means of
その中で筆者が一番言いたいことは何かを見抜く力が試される
ココだ！
じゃあ長文問題の攻略法について話していこう
その一 マクロ的視点
つまり大きく全体を把握する視点を身につけるということ

長文が
あったとしよう
ひとつひとつの文に
何が書いてあるかじゃなく
大雑把な話の流れが
わかればいいんだ
The two of us met over a decade ago when Chris was a graduate student i
psychology department and Dan had just arrived as a new assistant profess
down the hall from Dan's lab, and w
our mutual interest
remember, and think about our visu
that Dan taught i
Chris as his teaching assistant, the students assisted us in conducting s
of their class-work, one of which has become famous.
①段落
visual attention and awar
by the pioneering cognitive psychologist Ulric
n the 1970s. Neisser had
niversity when Dan was in his final year of
school there, and their many
inspired Dan to build on Neisser's earlier
king research.
②段落
→動物の動きについて
tudents as actors and a temporarily vacant floor of the psychology building as a set,
short film of two teams of people moving around and passing basketballs. One team wore
s and the other wore black
camera and directed,while Chris coordinated
nd kept track of which s
to shoot. We then digitally edited the film,
dents fanned out across the
to run the experiment. They asked volunteers
count the number of passes made by the players wearing white, while ignoring any passes
yers wearing black.
③段落
→動物の種類について
deo lasted less than a minute. Immediately after the video, our
nts asked the subjects to repor
s they'd counted. The correct answer was
four-or maybe thirty-five.
esn't matter. The pass-counting task was
d to keep peopleengaged in doi
demanded their attention to the action
e screen, but we weren't
ability.We were actually testing
something else: halfway through the video,
④段落
→動物の年齢について
このマクロ的視点を
磨くために重要になるのが
パラグラフ
つまり段落だ
パラグラフを
一つ読み終えたら
一旦止まって
その内容を
頭の中に
まとめる習慣をつけよう
私たちが
日本語の文章を読む場合
段落ごとに
まとめる作業を
無意識のうちに
頭でやるけど
外国語の場合は
そうはいかない
意識してまとめるようにしてみよう
内容を要約することを
日常的にやってると
徐々に力が身につくからね
動物に
ついて
書いてあるぞ
この練習を
しっかりやって
もらうために
巻末に
要約練習シートを
つけてみたよ
使いかたも
書いてあるから
ぜひ

その二
論理の流れを見抜けるようになること！
ここでは英語長文のパターンをABCの三つに分けて紹介しよう
Aパターン
パラグラフの一番最初に段落の主張を一文でまとめたトピックセンテンスがあってこれを下の文章がサポートしている形
トピックセンテンス
内容をサポート
of their class-work, one of which has become famous.
It was based on an ingenious series of
下の文章
graduate school there, and their many conversations
groundbreaking research.
トピックセンテンスはパソコンでいえばフォルダー名クリックすればフォルダーの中に何があるかわかるんだ
CLICK
つまり下の文章には理由や具体例が書いてある場合が多い

たとえば
トピックセンテンスが
冒頭にあって
それを支える
文章が下に続く
そしてもしも
一番最後に冒頭と
似た文があれば
このパラグラフは
その内容が
中心であるとわかる
トピックセンテンス
フォルダー名
『動物は寝ているときに夢を見るのであろうか』
具体例
『たとえばイヌは、たとえばペンギンは、たとえばガは……』
『動物は寝ているときに夢を見るのである』
同じ文章
これが
最も一般的な
かたちだよ

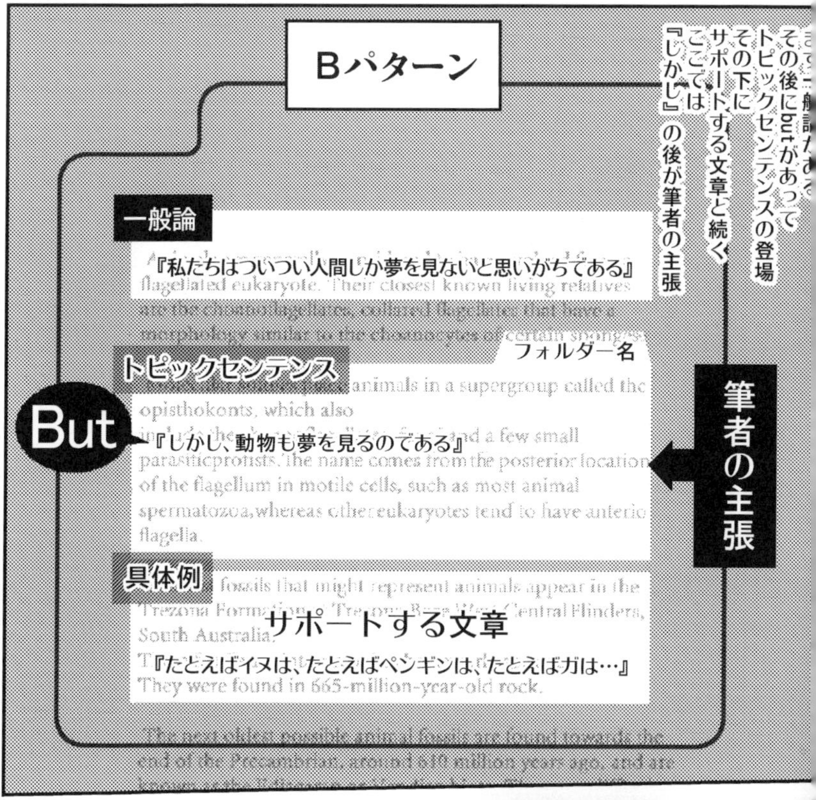
Bパターン
その後にbutがあって
トピックセンテンスの登場
その下に
サポートする文章と続く
ここでは
『しかし』の後が筆者の主張
一般論
『私たちはついつい人間しか夢を見ないと思いがちである』
フォルダー名
トピックセンテンス
But
『しかし、動物も夢を見るのである』
筆者の主張
具体例
サポートする文章
『たとえばイヌは、たとえばペンギンは、たとえばガは…』

最初に命題を出して あとからサポートする 『演繹法』* と いわれるものだよ
はぁ……
ムズカシイ コトバが…

＊演繹法…一般的な原理から、個別的な結論を導きだす

最後
Cパターンは
『帰納法』*
この場合
パラグラフの
最後に
トピック
センテンスがある
たとえば
こう……
帰納法は
まず問題提起をし
具体例から
結論を導き出す
パターンだ
Cパターン
問題提起
『あらゆるガは、夜ぴくりとすることがある。
それはなぜだろうか』
具体例
『ペンギンも寝ているとき羽を動かす動作が
観察されている。
そこから研究して科学者達は1つの結論にいたった』
トピックセンテンス
フォルダー名
『動物も夢を見るのである』

納法…個々の具体的な例から一般的な原理を導きだす方法。

英語長文は大きく分けてこのABCの三パターンに当てはまることが多い
それに文章全体におけるパラグラフの関係も見てみよう
最初にテーマ
最後に結論
それにいたるまでの具体例
また理由や反論
これらがサンドイッチのように間に挟まっている
テーマ
具体例
理由や反論など
結論
が…がんばって覚えるぞ……
それじゃ長文問題の攻略法に戻ろう
その三 論理マーカーを知ること！
論理マーカー？
論理マーカーは国語でいう接続詞
だから？とか しかし？とか
これはどこに何が書かれているかの目印になるから知っておくこと
大切な論理マーカーを次にまとめてみたから覚えておいて

順接

まず順接
A therefore B
この場合
Aに原因
Bに結果
それから
A because B
この場合
Aに結果で
Bに原因がある

副詞
A therefore B
（したがって、だから）
原因 → A　結果 → B

接続詞
A because B
（なぜなら、だから）
結果 → A　原因 → B

ちなみに
thereforeは副詞で
becauseは接続詞だ
これらを知っていれば
原因と結果がどこなのかを見抜くことが
できるんだ

逆接

次は逆接
however と but
この場合は前に一般論
後ろに主張がある
ことが多い

日本語でも
「しかし」のあとには
大事な内容がくるよね

だから
however や but
nevertheless（それでもなお）
などの逆接がきたら
後に言いたいこと
大切なことがくる
ことが多い

一般論　however / but（けれども、しかし）　主張（言いたいこと）

その他のパターン
1 追加・列挙

最後はその他のパターン
これには
1追加・列挙
2言い換え
3抽象と具体の
三パターンがある

まずは追加
追加にはin addition（その上）や
also（さらに）がある

これらは「BをAに追加する」という意味

だから段落の最初にこれらがあったら
前の段落にもう一つ
新しい内容を追加してることになる

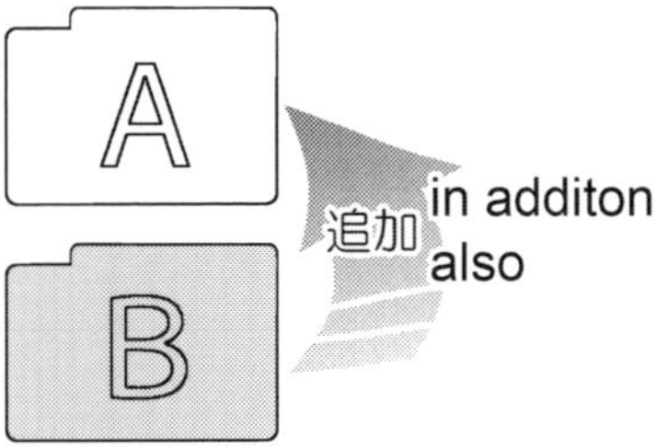

列挙は
first（第一に）、second（第二に）、
ずーっと続いて
最後finally（最後に）

具体例や理由が二つ以上ある場合に使われるんだ

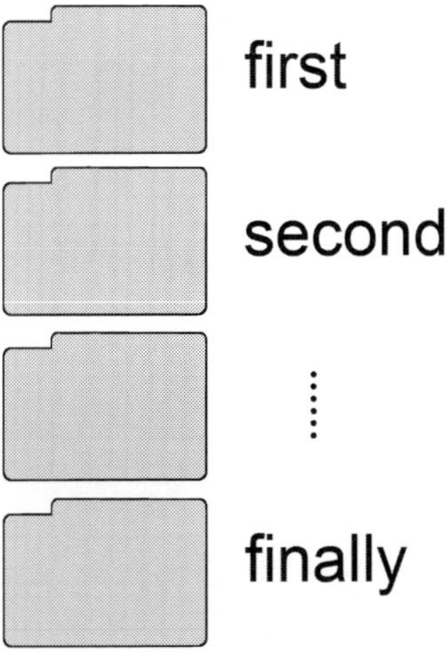

その他のパターン
2 言い換え

A in other words B
（言い換えれば）

A in short B
（要するにB）

A in other words Bで
「A言い換えればB」の意味
Aじゃわからないから
Bの表現に言い換える場合

A in short Bは
「A要するにB」の意味
AをBに要約する場合だね
Bには抽象化された内容がくる

Dogs, cats, monkeys, horses and deer have a good sense of smell. In short, animals have a good sense of smell.

“犬と猫と猿と馬と鹿は嗅覚が鋭い。要するに動物は嗅覚が鋭いのである。”

その他のパターン
3 抽象と具体

Aに対する具体例をBであげる場合は
for example や for instance
「Aなのである。たとえばBなのである」
こんな風にBで具体例をあげて
説明するんだ

A for example / for instance B
（たとえば）

Animals have a good sense of smell. For example, dogs,cats, monkeys, horses and deer have a good sense of smell.

“動物は嗅覚が鋭いのである。たとえば犬と猫と猿と馬と鹿が嗅覚が鋭いように。”

じゃぁ最後に
頭の良くなる英語長文の読み方を伝授しよう!
高満め…お前のための授業だぞ
こっち見んな
って言いたいんだろ
ちらっ
キーポイントは『抽象』と『具体』をよく知ることそれで確実に
頭は良くなる
さっきの文を思い出して「要するに」に続く文章は『抽象化』され
「たとえば」の後の文章は『具体化』されている
・犬と猫と猿と馬と鹿は嗅覚が鋭いのである。 要するに、 動物は嗅覚が鋭いのである。
抽象化
・動物は嗅覚が鋭いのである。たとえば、犬と猫と猿と馬と鹿が嗅覚が鋭いように。
具体化

えーっと抽象化…？
抽象化というのはたくさんある具体的な物事の中で共通するものを抜き出してそれを一般化して考えること
抽象
具体
具体
具体
たとえばパラグラフがあるとしよう
文全体のテーマやトピックセンテンスがあり
パラグラフの中では彼女との出会い彼女とのデート彼女との別れと書かれていたとしようフォルダー名は『僕の恋愛』
フォルダー名
トピックセンテンス
僕の恋愛
彼女との出会い
彼女との別れ
彼女とのデート
いろんな情報をフォルダー名としてひとことでまとめて中がわかるようにするのがトピックセンテンスの役割だから必然的に抽象的になる

でも抽象的なものは中々ピンとこない
わからない
だから難関大学の問題ではこの抽象的な部分にわざと線が引かれて問われることが多い
でも抽象的な部分だけを見ていてもわからないだろう
じゃあどうすればいいか
まず読んでわからなかったらどんどん読み進めるわけ
GO!
するとこれに該当する具体例が見つかる
ピーン!
具体例が見つかればピンとくるはず
ピンときたらトピックセンテンスに戻ってこれを理解すれば問題が解ける
トピックセンテンス
Molecular studies place animals in a supergroup called the
opisthokonts, which also
include the choanoflagellates, fungi and a few small
parasiticprotists The name comes from the posterior
of the flagellum in motile cells, such as most animal
spermatozoa,whereas other eukaryotes tend to have
flagella.
具体例
抽象的な部分に下線が施されていることは非常に多いので
ピンとくるまで具体例を探すことが重要なポイントだ
──でも
具体例がない場合もある

たとえば君たちが知識のある相手と話すとき
抽象的な表現でもわかると思って具体例を述べたりしないだろう
受験の時君たちはみんな難関大からそんな扱いを受けることになる
じゃあ具体例がない場合どうすればいいか
これはもう自分の人生経験の中に具体例を探すしかない
親があんなこと言ってたとか
新聞に書いてあったとか
ニュースでそう言ってたとかね
父さんこの前会社でな新しいソフトウエアの——……
国産車に対するエコカー——……
アメリカ大統領選挙はマサチューセッツ州で圧勝を果たした——……
そう反応するしかないんだ
だから普段から新聞を読んだりニュースを聞いたり読書をして経験や知識のストックをためることが実は長文読解を解くためにはとても大事だ

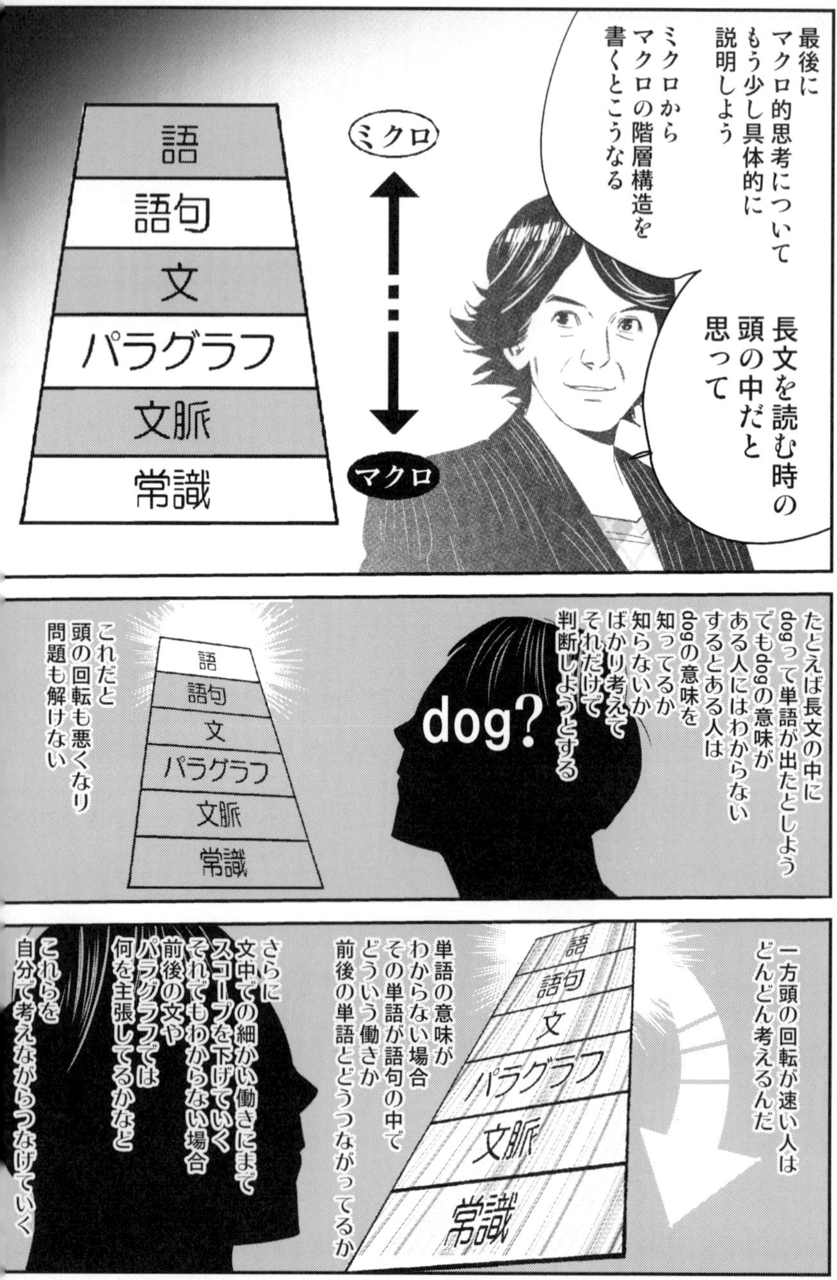
最後に
マクロ的思考について
もう少し具体的に
説明しよう
ミクロから
マクロの階層構造を
書くとこうなる
長文を読む時の
頭の中だと
思って
ミクロ
マクロ
語
語句
文
パラグラフ
文脈
常識
たとえば長文の中に
dogって単語が出たとしよう
でもdogの意味が
ある人にはわからない
するとある人は
dogの意味を
知ってるか
知らないか
ばかり考えて
それだけで
判断しようとする
dog?
語
語句
文
パラグラフ
文脈
常識
これだと
頭の回転も悪くなり
問題も解けない
一方頭の回転が速い人は
どんどん考えるんだ
語
語句
文
パラグラフ
文脈
常識
単語の意味が
わからない場合
その単語が語句の中で
どういう働きか
前後の単語とどうつながってるか
さらに
文中での細かい働きにまで
スコープを下げていく
それでもわからない場合
前後の文や
パラグラフでは
何を主張してるかなど
これらを
自分で考えながらつなげていく

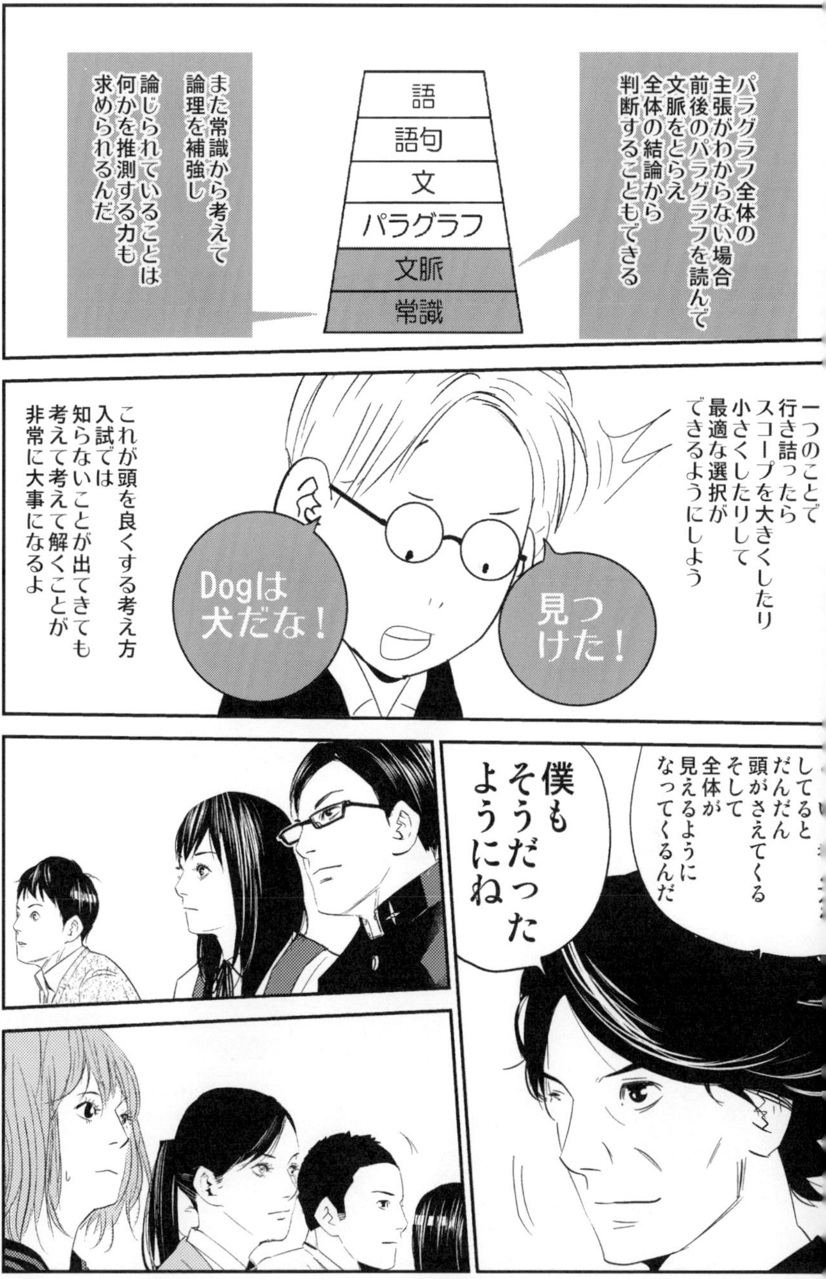
パラグラフ全体の主張がわからない場合前後のパラグラフを読んで文脈をとらえ全体の結論から判断することもできる
語
語句
文
パラグラフ
文脈
常識
また常識から考えて論理を補強し論じられていることは何かを推測する力も求められるんだ
一つのことで行き詰ったらスコープを大きくしたり小さくしたりして最適な選択ができるようにしよう
見つけた！
Dogは犬だな！
これが頭を良くする考え方入試では知らないことが出てきても考えて考えて解くことが非常に大事になるよ
してるとだんだん頭がさえてくるそして全体が見えるようになってくるんだ
僕もそうだったようにね

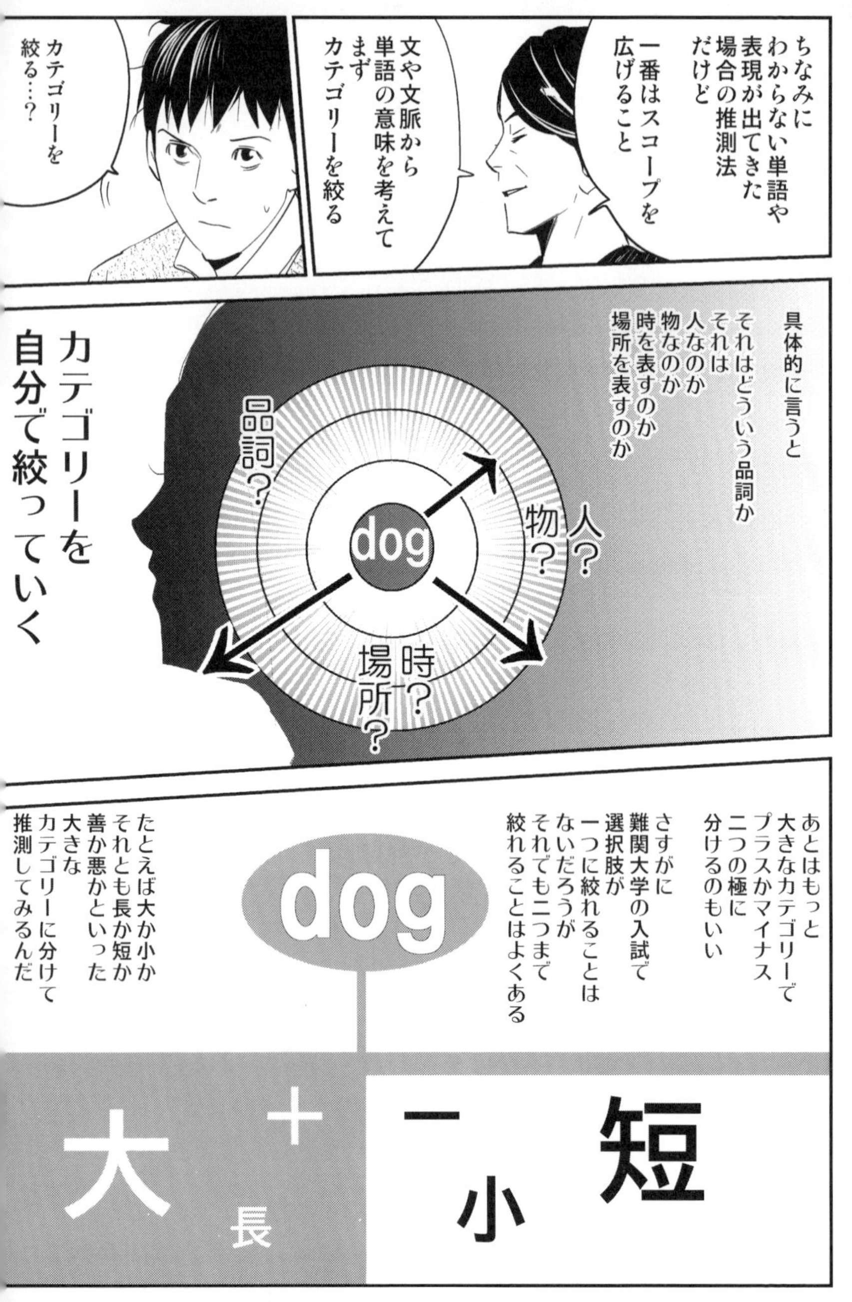

ちなみに わからない単語や 表現が出てきた 場合の推測法 だけど
一番はスコープを 広げること
文や文脈から 単語の意味を考えて まず カテゴリーを絞る
カテゴリーを 絞る…？
具体的に言うと それはどういう品詞か それは 人なのか 物なのか 時を表すのか 場所を表すのか
品詞？
dog
人？
物？
時？
場所？
カテゴリーを 自分で絞っていく
あとはもっと 大きなカテゴリーで プラスかマイナス 二つの極に 分けるのもいい
さすがに 難関大学の入試で 選択肢が 一つに絞れることは ないだろうが それでも二つまで 絞れることはよくある
たとえば大か小か それとも長か短か 善か悪かといった 大きな カテゴリーに分けて 推測してみるんだ
dog
＋
大
長
−
小
短

また
第三講の英単語の勉強法でも出てきたけど
接頭辞接尾辞を知っていれば英単語を分解して考えることができる
たとえば
encouragement
この単語を知らなくても単語をいくつかに分解してみよう
「courage」は「勇気」だ
enは「～にする」の意味
enableであれば「可能にする」
mentは名詞を作るもの
『～にする』
『勇気』
『名詞を作るもの』
en・courage・ment
勇気を与えること・励ますこと
これでまぁ「勇気のある状態にする」つまり「勇気を与えること」「励ますこと」ってなんとなくわかる
接頭辞・接尾辞の知識があればわからない単語も組み合わせることで推測できるんだ
物事を複合的に大きく考えたり小さく捉えたりしてスコープを切り替えよう

英語長文の勉強法
④多読
精読力（ミクロ）
読力
論理力（マクロ）
多読
読解には精読 速読 論理の勉強があるけど
それに並行して多読もしていこう
精読力（ミクロ）
速読力
論理力（マクロ）
多読
多読っていうと勘違いしてもらったプリントでも何でもとにかくいっぱい種類を選ばずに読めばいいと思ってる人がいるけど
それはないよな って言いたいんだろ
こっちを見るな
基本的には辞書を引かずに読むことを多読っていう
わからなければ飛ばす 読み捨て これが基本 逆に飛ばしても文の意味がきちんとわかるものでなければだめだ

多読は普段使う教材より三ランク下のもの
君たちの場合ペンギンリーダーズのような中学レベルの語彙で読める物語がいい
ペンギン・リーダーズ
PENGUIN READERS
スパイダーマンやパイレーツオブカリビアン映画でおなじみのものもたくさんある
自分に合ったレベルで自分の好きなものを使おう
たとえば巨大な人食いサメが出るジョーズって映画の本
JAWS
なんとこれは中学レベルの六百語で書いてあるそれで映画のストーリーが全部読めちゃうんだからすごいよね
professional
inside
cell phone
awful
ちなみに本を選ぶ目安は知らない単語が一ページに三つを超えない程度のレベルにしよう
多読の練習は読み捨てだ常にかばんの中に一冊入れて持ち歩こう
なるべく自分の興味に合うものでテーマも難しい環境問題や社会問題よりもわくわくするような物語を選ぼう
今度から英語も読もうな
……って言いたいんだろ
だからこっち見るな

英語長文の勉強法！

No.

Date

精読力 … 文を細かくていねいに読む力

・主語（S）と述語（V）を見つける

・記号（ ）とか［ ］とか〈 〉を使って構造を理解する

むずかしーね♪。
ギャー
ぎゃーって何…（笑）

速読力 … 英語をそのまま前から理解する力

・意味の区切りで切りながら読む

・意味の区切りごとに、英語→日本語と音読

・英語のCDを聞いて、英文を耳から理解できるようにする

論理力 … 論理的な筋道をおっかける力

・パラグラフ要約をする→要約練習シートで！

・文の流れを理解する

テーマ → 具体例 → 理由 反論 → 結論

・論理マーカーを覚える

・知らないことがあっても、考えて考えて解く

あとでノートコピーさせて
いいけど…自分でも書いたら？
あー

多読～

辞書を引かないで読む

普段の教材よりカンタンで楽しいもの

第六講

—リスニングの勉強法—

リスニングの勉強法も読解の勉強法とよく似てる
初心者から上級者への実力の伸びはこんな感じだ
上級者
精聴
多聴
初心者
精聴と多聴これをバランス良く学習することが非常に重要
英語が苦手だと思う人は精聴訓練からやるべきだよ
えーっと精聴…?
ところでみなさんは英語をたくさん聞いていれば自然にわかるようになるなんて話聞いたことない?
聞いたことあるかも…!よくテレビとかで

実はそれ すでにある程度 英語が堪能な 中級者か上級者の話
英語の音も 認識できない初心者が ただ英語を たくさん聴いても わからないものは やっぱりわからない
洋楽好きの子供が そのまま大人になっても 英語の歌詞は さっぱり聴き取れないし 内容もわからないまま ということがよくある
you are beautiful
意味は わからんけどね～
you are beautiful
じゃあどうすれば 英語を 聴き取れるようになるのか
そこで 欠かせないのが
精聴訓練

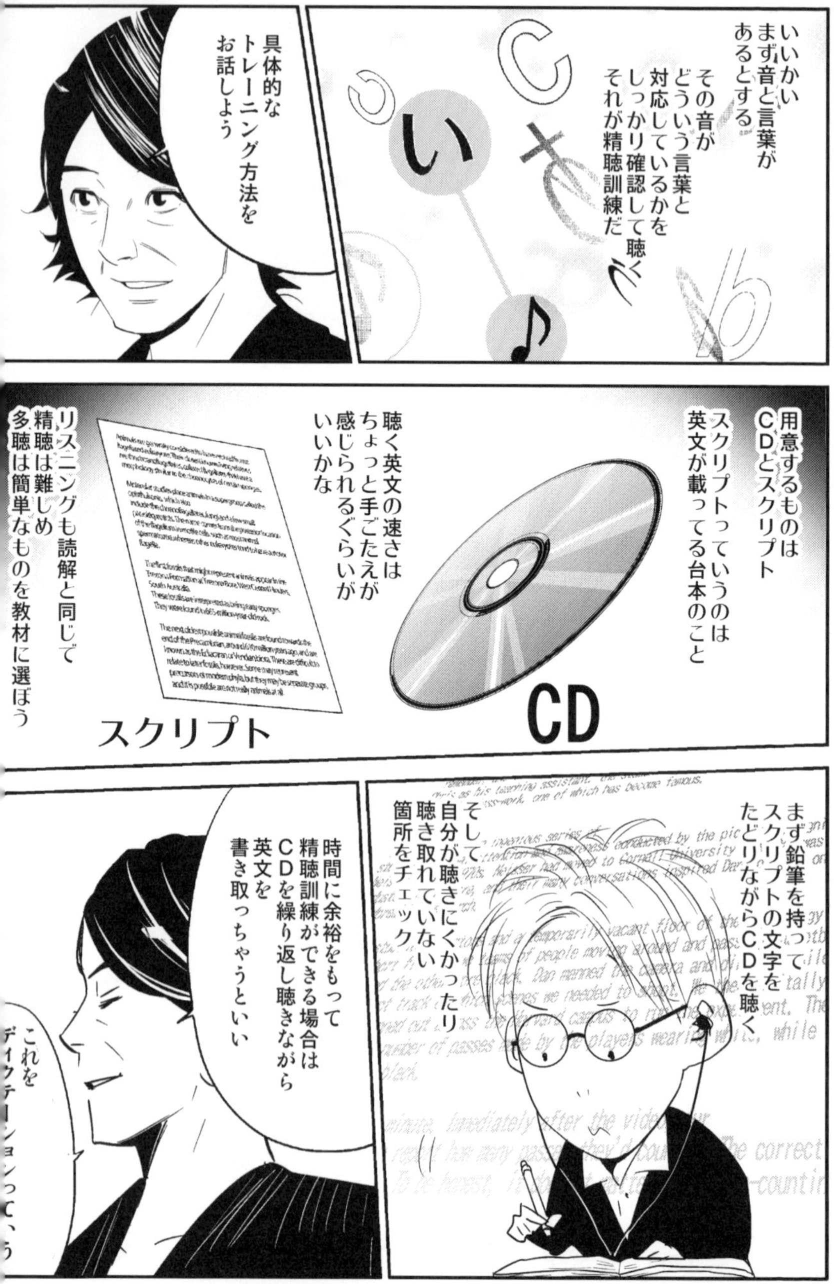
いいかい
まず音と言葉があるとする
その音がどういう言葉と対応しているかをしっかり確認して聴くそれが精聴訓練だ
い
具体的なトレーニング方法をお話しよう
用意するものはCDとスクリプト
スクリプトっていうのは英文が載ってる台本のこと
聴く英文の速さはちょっと手ごたえが感じられるぐらいがいいかな
リスニングも読解と同じで精聴は難しめ多聴は簡単なものを教材に選ぼう
CD
スクリプト
まず鉛筆を持ってスクリプトの文字をたどりながらCDを聴く
そして自分が聴きにくかったり聴き取れていない箇所をチェック
時間に余裕をもって精聴訓練ができる場合はCDを繰り返し聴きながら英文を書き取っちゃうといい
これをディクテーションって、う

書き取れない箇所は
当然
聴こえていないところ
えーと
ここと ここが
聴こえない……
こうやって
自分が
聴き取れなかった
箇所を完璧に
特定するんだ
そして
書き取れなかった箇所を
赤で直して
意識しながら
またCDを聴く
繰り返し
何度も何度もね
where's the～
こうやって
わからないところの
音が
どうなっているかを
認識するんだ
何度かCDを
聴いたら
全部音が
わかっちゃう
と思いがちだけど
日本語の
歌なら
わかる
けどなーー

でも耳って
不思議なもので
一回聴いて
わからない音は
何度聴いても
やっぱり
わからないんだ
だから
十回や二十回
繰り返し流して
思う存分
勉強をしよう
それができたら
今度は
CDを真似て
何度も声に出して読む
基本的に
人間の聴覚は
発声と結びついていると
いわれているんだ
Can you hear me?

だから発声を矯正することで聴覚も矯正されていく
Japan's obesity rate is relatively low.
Japan's obesity rate is relatively low.
きれいな発音を真似て発声練習をたくさんしよう
私自身も発音ができるようになって初めて
英語が聴き取れるようになった
一つのスクリプトと音声をマスターしたらプレイリストをオーディオプレイヤーの中に作っておこう
Play List
① All you need is love
② How's the Japanese economics?
③ Why do we need to think about the War?
④ Should we tolerate such lack of manners?
そのプレイリストの名前は「耳タコ」なんてどうだい？
耳タコ♪
精聴学習したもの
耳タコプレイリストの中にはマスターしたものを一つずつ入れていくんだ
速読のところでもお話をしたけど参考書のCDに収録されているものを全部入れたらダメ精聴学習でマスターしたものを一つずつ入れていくこと

それをリピートモードに設定
The day whe u came to Japanese class to know the Japanese culture, people around us asked you what are the images you already have…
The day when you came to Japanese class to know the Japanese culture, people around us asked you what are the images you already have…
あとは耳にタコができるまで聴くこれが精聴訓練
The day when you came to Japanese class to know the Japanese culture, people around us asked you what are the images you already have…
これでリスニングは確実にできるようになる！
ディクテーションやってみよう……
これで英語がわかるようになる……！
美世のiPodは相変わらずアニソンとロックばっかり…ね
今度から英語も入れる！
えらいっ！

今度は多聴の勉強法
これもプレイリストを作ろう
みんなはなんて名前にする？
……オレの多聴……？
…………
芸がない
うっせ！
私だったら「ｍｙラジオ局」なんてつけるかな
ここにはいろんなところから見つけた自分のレベルよりもずっと簡単な英文を入れる
MYラジオ曲
そしていつでもどこでも聞き流せるようにするんだ
ラジオを聞く感覚でただ単に意味を楽しんでほしい
だからこそ中学レベルの簡単な素材でかまわない
精聴と多聴をバランス良く勉強しよう

リスニングやスピーキングをするうえでとても勉強になるのが英語の歌をカラオケで覚えること
たとえばビートルズビリー・ジョエルカーペンターズとかかな
それじゃぁリスニング学習において知っておきたいポイントを二つ話そう
まず一つ目は「リスニングと発音の関係」
英語の発音は『日本語で表現できない』という点において非常に難しいんだ
リスニングのときカタカナで発音を表記する人がいるけどこれは絶対にダメ間違ったまま覚えちゃうから
worldwide
×ワールドワイド
everything
×エヴリシング

これ…私の名前悲しいかな読めない人が多いんだ
アンカワチやアンコウチなんて読まれちゃう
安河内
やすこうち
でもひらがなで書けば正しく読めるよね
じゃあ英語はどうだろう？たとえばこれ……
ふふ知らないと読めないでしょう
安河内
Catholic
やすこうち
でも読めなくて当たり前これカタカナじゃ表せないから
かかかかかきゃ？
かすきゃすー…
くっそホントだ読めねー！
……
つまり英語も漢字の仲間なんだ
知っていれば読めるが知らないと読めない
安河内
Catholic
すこうち
【 kǽθəlik 】

日本語の場合 ひらがながあるから 覚えやすいよね でも 英語の場合 ひらがなに あたるものが何もない 音だけで 覚えなくちゃいけない
安河内《やすこうち》
だから 昔の言語学者が 初めて見る単語でも 読めるように この発音記号を造った
【kǽθəlik】
Catholic
言語学者
初めて見る 単語でも 読めるように 発音記号を 造りマショウ
発音記号は 日本語では 書き表せない音も 表現できる すぐれもの
つまり リスニング力を 磨くためには 発音を磨かなければ いけない
発音を学ぶためには 発音記号を 覚えなくちゃいけない
だから早い時点で
Catholic 【kǽθəlik】
thだから ベロ噛んで…
二つ目の ポイント リエゾンなどの 音声変化
リエ
ゾン?

子音のみの発音で終わる単語が次に続く母音のみの発音から始まる単語と結合して発音されることをいう場合が多い
たとえば
make it
itの間は一拍空けず続けて読む
make ● it
空けずに読む
『メイキット』本当はカタカナで発音書いたらダメだよ
あ 確かに……
子音のみの発音で終わって母音のみの発音で始まってるね
読まれない音
空けずに読む
make × it
子音のみの発音で終わる
母音のみの発音から始まる
基本的にこういった組み合わせの場合一拍空けないことが多い
一見『サムモア』と読みそうだが
このように同じ音が続く（または似ている音が続く）場合一方の音は消えて『サモア』とつなげて読む
同じ音
some × more
×
○
空けずに読む
これを『脱落』というよ

あと隣接した音が
影響し合って一つの音になり
発音が変わっちゃう
こともある
たとえば
Would you
『ジュ』に変わる
【dʒ】
Would×you
発音がジュっていう風に
変わっちゃうんだ
こんな風に
あと
英語を発音する時の
注意点
単語と単語の
スペースを
空けて読むと
I, was ,
born , in , Osaka.
?
日本人っぽい
発音だなあと思う
だから
スペースを空けず
滑らかに
発音しよう
I was born in Osaka.
Oh! I have a friend
in Osaka.
センスグループはまとめて
それ以外は
スペースを空けずに読む
これが正しい英語の読み方!
普段からカラオケや
音読のときにCDを聴きながら
発音を真似ることが大事だよ
よし
これで
リスニングに
ついては
おしまい!

リスニングの勉強法！

No.

Date

精聴訓練

① CDとスクリプトを用意

② CDを繰り返し聴きながら書きとる

③ CDを真似して音読 ― キレイな発音で

④ マスターしたら音楽プレイヤーに入れる ― 何度もきく

多聴訓練

オレの多聴い

ちょっと…！ヘンなコト書かないで

男の多 せめて

- 自分のレベルよりカンタンな英文を音楽プレイヤーに入れる
- いつでも聞き流せるようにする

リスニング学習のポイント

① 発音記号を覚えて発音を学ぶ

② 音声変化を知る ― リエゾンとか

☆英語を発音するときはスペースをあけずなめらかに読む！

コラム
「英語を話せるようになるには」
ズバリ
英語を話せるように
大学受験では難しい英文や古い英文も読まなきゃいけない
だからあまり日常で使われない構文も覚える必要がある
でも大学に入って使う文法はだいたい高校一年ぐらい
中でも主に使うのは中学の文法

それで英語はしゃべれちゃう
……！
大学受験ではno sooner構文やhardly構文を勉強するが
実はしゃべるときにはほとんど使わない
古い文献を読むときに出てくるだけで
英会話ではあまり使わない知ってるだけで充分なんだ
大学での英語の勉強法も同じ
とにかく言いたいことを全部簡単な英語でしゃべることだ
たとえば自分が何かをしたいときには全部『I would like to 原形』人に何かをしてほしいときには『Could you 原形』
Could you help me carry my baggage?
使う形式を決めてそれにどんどん当てはめて五十個～百個の簡単なパターンを使って会話をしよう
Yes, of course

最初はちょっと不自然でもかまわない会話を何度も繰り返すことが大切
そうすることで徐々に使い分けや自然さこなれた表現などを覚えていくようになる
ところで今君達が英語を話せるようになるために何ができるか？
それは…
Study correct pronunciation.
それは正しい発音を覚えること！
発音記号を見てベロの位置やアクセントにも気をつけながらきれいな発音で覚えるんだ
L
TH
R
ベロの位置だな
最初は面倒だが意識して続ければいつか必ず話せるようになる

たとえばpatienceとallergyって単語
『パティエンス』とか『アレルギー』ってカタカナ発音で覚えて大学に合格してもリスニングができるようにもならないし会話でも通じない
I have an アレルギー so...
?
What?
発音と組んでインプットされた単語はアウトプットに変換しやすい
Allergy
INPUT
OUTPUT
Allergy
だからちゃんとした発音で単語を覚えれば
ちゃんと話せるようになる
日本人は発音が苦手だがしっかり覚えてきちんと英語が話せるようになろう
ここでも大切なのは音読 あとは海外へ行くも良し外国人に話しかけるも良し
周りを気にしないで最初は間違ってもいいからどんどん話して英語を話せるようになろう!

第七講

―英作文の勉強法―

最後に英作文についての話をしよう
これは大きく二つに分かれる和文英訳と自由英作
和文英訳とは日本語の文章を英語の文章に翻訳すること
どちらにしても正しい文法で英文を書く事が大切
だから基礎英文法の勉強をしっかりする必要がある
話す時と同様英作文でも難しい文法事項は使わなくていいんだ
大切なのは基礎英文法の習得
文法は中一〜高二……
たとえば
『〜するとすぐに』って表現で思い浮かぶ熟語ってあるかな
as soon asと
no sooner…than
完璧
さすが……!

じゃあ君が英作文を書くとしたらas soon asとno sooner…thanのどっちを使う？
えと……as soon asです
正解
カンだろー
違うもん！
なぜならno sooner…thanは珍しい表現だから一般的な英作文で使うのは不自然なんだ
たとえば外国人が『〜です』を『〜でござる』と言うくらい変
とても美味しいでござる
だから難しい表現は避けて極力簡単な表現を使うこと
はあ…
英作文で使う『文法』は中一から高二までに限定して勉強するこれでOK
ただし語彙は別
中一から高二の語彙では英作文はとても書けない
だから『語彙』はハイレベルなものまで勉強しよう
英作文のコツ!!
文法
中1〜高2
語彙
ハイレベル
なぜなら入試で問われる内容が環境論やら原子力やらとにかく難しいんだ
英作文の基本的戦略それは
簡単な文法に当てはめながらハイレベルな語彙を使って書くこと

たとえばある大学の入試問題の和文英訳でこんな問題が出たことがある
『京都は今でも歴史が息づく街である』
……難しいわね……
うん
こういう英作文することが難しい表現が出てくる
これを見ると『息づく街』をどう表現すればいいかって考えちゃうよね
で考えて考えて結局わけのわからない難しい表現にして自爆しちゃうパターンが多い
そもそもこういう文章をニュアンスも残しつつ100%訳すことは無理なんだ
出題する側もこれを完璧に翻訳しろなんてことを求めてないしね

ようは日本語の最も言いたい部分を簡単な英語で表現する力を試している
京都は──…
それだけなんだ
ということで自分でこう言い換えちゃえばいいんだ
『京都には今でも歴史が残っている』
京都は街なんだからこうすればいい
History still remains in Kyoto.
『京都には今でも歴史が残っている。』
ズバリこれで正解
もっと難しく考えてたでしょ?
……
でも英作文ではこれくらい大胆に日本語を言い換えることが必要だよ

汎用性の高いシンプルなパターンに置き換える
これが和文英訳の基本戦略だ
受験生はこれで充分とにかく合格点をしっかり取ることだ
次は自由英作文
これは使う英語を自分で選べるのがいいよね
汎用性の高い間違えない構文に間違えない単語を当てはめて
シンプルに…
シンプルかつ簡単に書くこと大事なのは文を複雑化しないことだ
Kyoto is a beautiful city.
僕は難解になりがちなんだよな
ぼそっ
あーそーですか――
悲しき性《さが》

日本語は複雑な表現に美を覚えることが多い言語だが
英語は逆
複雑な表現は見苦しいと考えることが多い言語なんだ
秋風が立つ
辺りを払う
委曲を尽くす
潔(いさぎよ)しとしない
自分の信念に照ら[して、...いうこととしてはいけないと思うようす。]
■ 居住まいを正す
きちんと座りなおして、改まった態度になる。「居住まい」は座って[...]
■ 一頭(いっとう)地を抜く
衣鉢(いはつ)を継ぐ
シンプルなほど英語は美しい
下線部を和訳する問題などでは
節が複雑に入り組んだ英語をよく見るが
それはあまり美しい英語じゃないことが多い
だから英作文にすることはオススメできないよ
じゃあ具体的にどうやって自由英作文を書けばいいかというと…
ある一定の型に当てはめて書くのが一番なんだ
まず主張それから理由そして具体例および反論最後に結論
主張
理由
具体例（反論）
結論

これが自由英作文の基本形で
一番美しい形だ
受験生の自由英作文を添削しているとまとまりのない解答が多いんだ
たとえばテーマが環境論であればオゾン層破壊や温室効果などとにかく思いつくままに書きなぐったものが多いでもこれじゃあ点数は取れない
自由英作文は半分くらいは構成力で採点されるんだ
だからどんなに英語が正しくてもただ字数を埋めただけで構成が全然成り立ってなかったら点数も半分しか取れなくなっちゃう
そりゃもったいない……
自由英作文の重要なポイントは構成を整えること！
その具体的な方法をお話ししていこう

たとえば問題で制服についてどう思うかを問われたとしよう
その場合……
必ず一つのことだけ主張すること
二つ以上のことを言ったらその時点で点数はなくなると思ってもかまわない
『制服はいいとも思うし悪いとも思う』とかまとまりのない意見を述べるそういう答え方は絶対ダメ
まず主張I believeで始めてみようか
主張
I believe school uniforms rob students of their individual
『私は制服は個性を奪うと思う。』
理由
具体例（反論）
結論

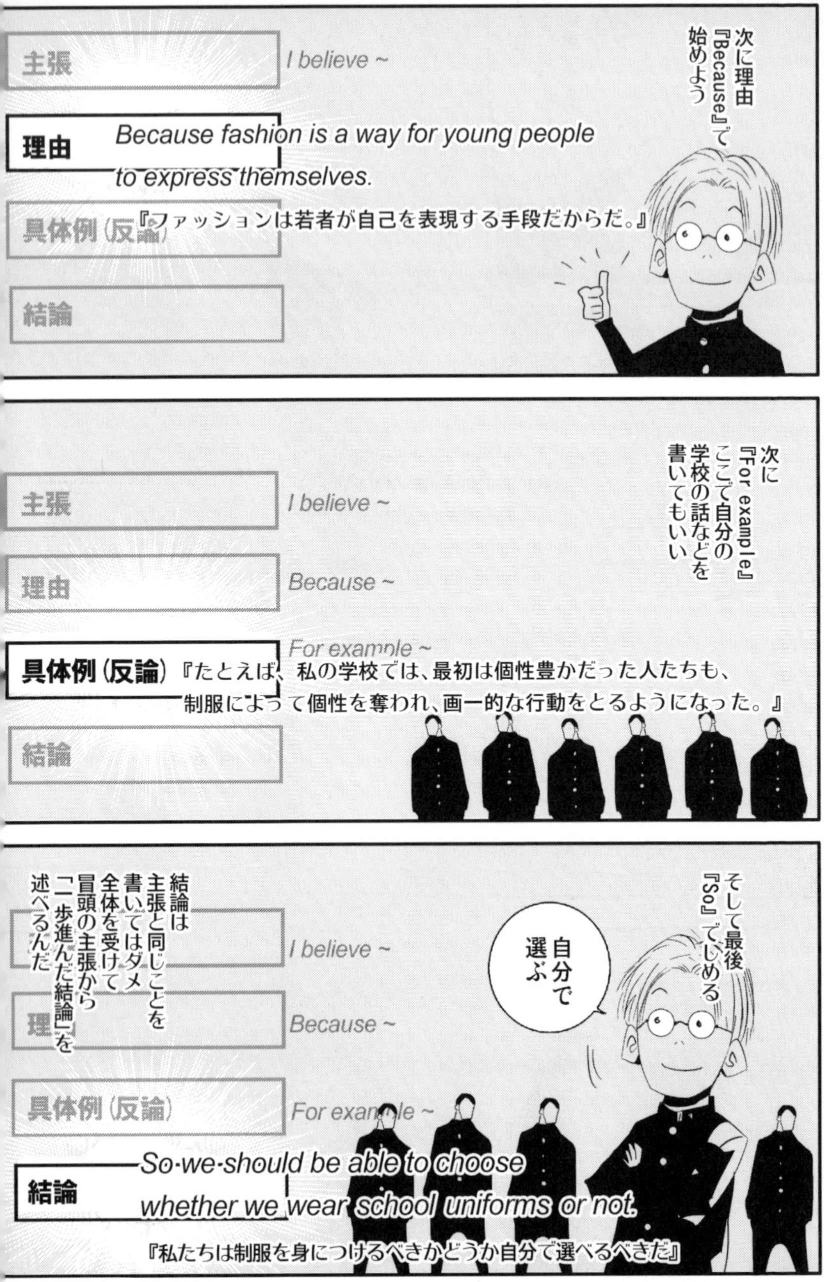
次に理由『Because』で始めよう
主張
I believe ~
理由
Because fashion is a way for young people to express themselves.
『ファッションは若者が自己を表現する手段だからだ。』
具体例（反論）
結論
次に『For example』ここで自分の学校の話などを書いてもいい
主張
I believe ~
理由
Because ~
For example ~
具体例（反論）
『たとえば、私の学校では、最初は個性豊かだった人たちも、制服によって個性を奪われ、画一的な行動をとるようになった。』
結論
そして最後『So』でしめる
自分で選ぶ
結論は主張と同じことを書いてはダメ全体を受けて冒頭の主張から「一歩進んだ結論」を述べるんだ
I believe ~
Because ~
具体例（反論）
For example ~
結論
So we should be able to choose whether we wear school uniforms or not.
『私たちは制服を身につけるべきかどうか自分で選べるべきだ』

する時に
オススメの方法がある
何でもいいので
単語集やフレーズ集を
近くに置いておくんだ
それを
パラパラめくってみよう
たとえば
犬が出てきたら
犬に関する
主張から
結論までの
論理構成の
ストーリーを
パッと作ってみる
主張
柴犬こそが
日本の犬の代表である
理由
なぜなら一・・・
具体例（反論）
実際に事例として・・・
結論
ゆえに一・・・
世の中の物事に対して
主張→理由→具体例→結論の
四段組の構成で
まずは日本語で
ストーリーを作る練習をしよう
口頭でいいので
毎日一回
一分間でいい
それを繰り返そう
主張
I believe~
理由
Because~
具体例（反論）
For example~
結論
So~
そうすれば
論理的に話す力
論理的に書く力
論理的に読む力が
必ず身につく
ぜひこの訓練を
毎日徹底的に
やってね！
これで英作文は
大丈夫だ！

英作文の勉強法！

No.

Date

和文英訳

・簡単な文法にあてはめてハイレベルな語彙を使って書くこと。

例

京都は今でも歴史が息づく街である

↓

京都には今でも歴史が残っている

大胆に日本語言いかえOK！

自由英作文

・シンプルかつ簡単に書く

スペルちがう

あ…！けんたすごい！

実力。

believe～だね。

主張	I beleve～
理由	Because～
具体例（反論）	For example～
結論	So～

主張から結論までのストーリー作る練習しよう

第八講

―英語は夢につながる！―

東進ハイスクール
東進ハイスク
なんかすっごく
英語の勉強がしたくなってきた
俺も
!
約束忘れてないよね?
志望校と将来の夢決めるって、う…
フン

みなさん ここまで 聞いてくれて
本当に ありがとう
みなさんが 少しでも 英語を 好きになって くれたら
教えていて こんなに嬉しい ことはないよ
いろいろ焦って 何をすればいいのか わからなくなることが あると思う
そこで 試験直前の 勉強法について 最後にお話ししておこう
一番 いいのは やはり 過去問の勉強
これが 非常に 重要だ

でも初めて過去問をやるときにはほとんど点数が取れないと思う
大学によっても難易度に非常に偏りがある
受験しても
きっとダメだ!!
うわ
最初にパッと過去問を見たときは全然解けずに落ち込んで受験自体をあきらめようかなんて思ってしまうかもしれない
でも心配しなくていい
私もみんなの先輩も最初はできなかったんだ
最初に過去問をやる時には点数を気にしないこと
どうして間違ったのかどうすればできるようになるか
それらを自分で分析するんだ
過去問にはそれぞれ特徴がある
どんな能力が求められていてどのようなアプローチをすれば点数が取れるのかを解説を見て徹底的に訓練しよう
過去問分析ノートを作るのもオススメ
その中に『時間配分』『問題の特徴』『覚えるべき事項』などをまとめてみよう徐々に過去問に慣れることができるよ

あと一つの過去問を解いたら次の過去問に挑戦するまで一週間ほど期間をあけるといい
過去問
その一週間で次の過去問を解くための訓練と知識の補充をするんだ
一週間ごとに次の過去問に挑戦
解き終えたらまた分析して技術の見直しを繰り返そう
分析
過去問
そうやって過去問演習を続けていけばその大学の入試問題に関しては得点していく力が必ずアップするよ
本番に向けてそうやって実力をつけていこう
受験での目的は合格点を取ること大学に合格できれば難問奇問はできなくていい
まず基礎点である六割から七割の点数がしっかり取れればいいんだ
合格点を取るぞ!

最後に
もう一つ
英語は夢に
つながるってこと
これを
伝えたい
みなさんが
勉強する英語は
『大学受験に合わせた
知識のインプット』が
中心になってしまうだろう
INPUT
だから大学に
入学したら
このインプット
した知識を
アウトプットする
練習を
ぜひしてほしい
OUTPUT
Hello!

そのために
積極的に海外に行くも良し
インターネットを通じて
海外の人たちと交流するも良し
方法は様々だ！
世界だ！
英語をたくさん使って
大学生活を楽しむんだ
それにみなさんが
将来就くどんな職業にも
英語は活用できる
だから英語学習の時間を
これからも大切にしてほしい
Hello!
Hello!
英語で会話ができるぞ！
今日は長い時間ありがとう！
君たちの健闘を祈ってる

美世
今日は誘ってくれてありがとう
将来の夢をかなえるために
今できることやろうって
あらためて思えたわ
将来はエリカ先生だね…
私も今の勉強が将来につながるって思ったらとってもやる気でたよ

うん！
美世も目指せ漫画編集者！
うん
で？
志望校と将来の夢は決められたの？
おう
安河内先生に元気をもらって決めた
オレもワンランク上を目指して結衣と同じ大学のスポーツ学部を目指す

……
お前にしては
いい選択だ
健太
だろ？
サッカーは
もちろんだけど
俺やっぱ
スポーツが好きだし
スポーツ教えたり
スポーツ選手を
支えたりしたいんだ
いいね
それ…
だろ…？
俺ちょっと
パンフレット
もらって
くるわ
すごい
やる気
安河内先生の
言葉に
背中を
押されたんだ

英語なんて言葉なんだ
やれば誰だってできるようになる！
健太が言うと突然説得力がなくなるな……
不思議だ
なんだと！
ふふふ
俺は先に帰るよ
待てよ一緒に帰ろうぜ
せっかくだからこのまま図書館で勉強だ
——！
なんだ…？

じゃあ私たちも後で行くね
一緒に勉強しよう
……じゃあ先に行ってるよ
東進
ハイスクール

応援してるよ
受験生

裕子!!

英語は夢につながる!

No.

Date

過去問の勉強方法

- 1週間ごとに過去問を解く
- 過去問分析ノートを作る

時間配分、問題の特徴、覚えるべきことをまとめる!!

カコモンが

私 点数とれない…

気にする

海外に行ったり、海外の人と交流をして、いっぱい英語を使うことをしよう!!

インプット
↓
アウトプット

英語は夢につながる!
英語学習の時間を大切にしよう!

要約練習シートの使い方

① 「要約練習シート」をコピーする
② 英語長文問題を解く
③ 1パラグラフを1行で要約する
④ 100文字以内で英語長文の全文を要約する

Paragraph

I.

II.

III.

IV.

V.

VI.

VII.

									10										20
									30										40
									50										60
									70										80
									90										100

※この作品は，東進ハイスクールで行われた安河内哲也先生の特別公開授業をもとに，内容を再構成して漫画化したものです。登場する生徒はフィクションで，実在する人物とは一切関係ありません。

大学受験 **TOSHIN** COMICS

英語の勉強法を はじめからていねいに

発行日：2012年 6月30日 初版発行
2013年 5月17日 第3版発行

講義原案・責任監修：**安河内哲也**
発行者：**永瀬昭幸**

編集担当：大木誓子
発行所：株式会社ナガセ
〒180-0003 東京都武蔵野市吉祥寺南町 1-29-2
出版事業部（東進ブックス）
TEL：0422-70-7456／FAX：0422-70-7457
URL：http://www.toshin.com/books（東進WEB書店）
※本書を含む東進ブックスの最新情報は東進WEB書店をご覧ください。

漫画制作・DTP：株式会社アイデアガレージ
カバーデザイン：LIGHTNING
英文校正：株式会社メディアビーコン
印刷・製本：大日本法令印刷株式会社

ISBN978-4-89085-548-3 C7037

合格の秘訣1

全国屈指の実力講師陣

ベストセラー著者のなんと7割が東進の講師陣!!

東進ハイスクール・東進衛星予備校では、そうそうたる講師陣が君を熱く指導する!

本気で実力をつけたいと思うなら、やはり根本から理解させてくれる一流講師の授業を受けることが大切です。東進の講師は、日本全国から選りすぐられた大学受験のプロフェッショナル。何万人もの受験生を志望校合格へ導いてきたエキスパート達です。

2013年 新登場!

宮内 舞子 先生
[物理]

丁寧で色彩豊かな板書と詳しい講義で生徒を惹きつける。

英語

福崎 伍郎 先生
[英語]

その鮮やかすぎる解法で受講生の圧倒的な支持を集める超実力講師!

今井 宏 先生
[英語]

予備校界のカリスマ講師。君に驚きと満足、そして合格を与えてくれる

安河内 哲也 先生
[英語]

数えきれないほどの受験生の偏差値を改造、難関大へ送り込む!

宮崎 尊 先生
[英語]

雑誌『TIME』の翻訳など、英語界でその名を馳せる有名実力講師!

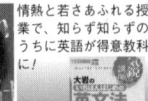

大岩 秀樹 先生
[英語]

情熱と若さあふれる授業で、知らず知らずのうちに英語が得意教科に!

山中 博 先生
[英語]

緻密にして明快、東進の元気印が受験生を魅了する!

数学

沖田 一希 先生
[数学]

短期間で数学力を徹底的に養成。知識を統一・体系化する!

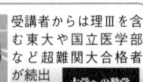

長岡 恭史 先生
[数学]

受講者からは理Ⅲを含む東大や国立医学部など超難関大合格者が続出

志田 晶 先生
[数学]

若き数学科実力講師は、わかりやすさを徹底的に追求する

国語

ミスター驚異の現代文。数々のベストセラー著者としても超有名!

出口 汪 先生
［現代文］

「わかる」国語は君のやる気を生み出す特効薬

板野 博行 先生
［現代文・古文］

予備校界の超大物が東進に登場。ドラマチックで熱い講義を体験せよ

吉野 敬介 先生
［古文］＜客員講師＞

合格答案を知り尽くした「得点直結」の授業は必聴!

河本 敏浩 先生
［現代文・小論文］

小論文指導の第一人者。著書『頭がいい人、悪い人の話し方』は250万部突破!

樋口 裕一 先生
［小論文］＜客員講師＞

縦横無尽な知識に裏打ちされた立体的な授業に、グングン引き込まれる!

三羽 邦美 先生
［古文・漢文］

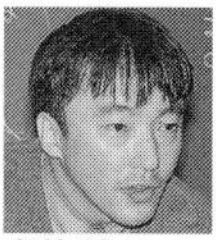

ビジュアル解説で古文を簡単明快に解き明かす実力講師

富井 健二 先生
［古文］

理科

全国の受験生が絶賛するその授業は、わかりやすさそのもの!

田部 眞哉 先生
［生物］

化学現象の基本を疑い化学全体を見通す"伝説の講義"

鎌田 真彰 先生
［化学］

『物理をはじめからていねいに』は熱烈な支持

橋元 淳一郎 先生
［物理］

地歴公民

全国の政経受験者が絶賛のベストセラー講師!

清水 雅博 先生
［公民］

入試頻出事項に的を絞った「表解板書」は圧倒的な信頼を得る!

金谷 俊一郎 先生
［日本史］

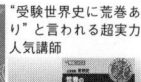

"受験世界史に荒巻あり"と言われる超実力人気講師

荒巻 豊志 先生
［世界史］

WEBで体験

東進ドットコムで授業を体験できます!

実力講師陣の詳しい紹介や、各教科の学習アドバイスも読めます。

www.toshin.com/teacher/

合格の秘訣2

革新的な学習システム

東進には、第一志望合格に必要なすべての要素を満たし、抜群の合格実績を生み出す学習システムがあります。

ITを駆使した最先端の勉強法

高速学習

一人ひとりのレベル・目標にぴったりの授業

東進はすべての授業を映像化しています。その数およそ1万種類。これらの授業を個別に受講できるので、一人ひとりのレベル・目標に合った学習が可能です。1.4倍速受講ができるほか自宅のパソコンからも受講できるので、今までにない効率的な学習が実現します。

1年分の授業を最短2週間から3カ月で受講

従来の予備校は、毎週1回の授業。しかし、高速学習ならこれを毎日受講することができます。1年分の授業が最短2週間から3カ月程度で修了。先取り学習や苦手科目の克服、勉強と部活との両立が可能になります。

先取りカリキュラム

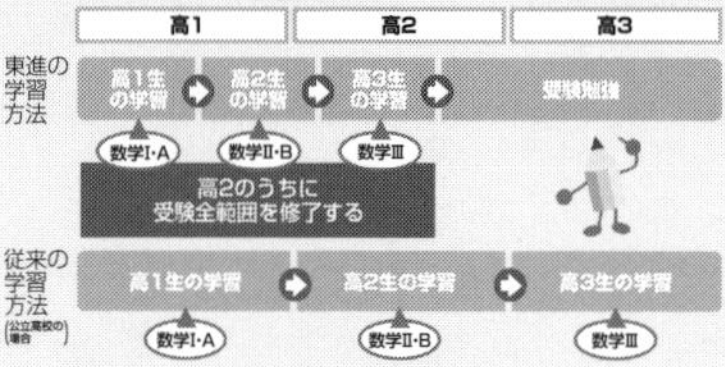

高1
高2
高3
東進の学習方法
高1生の学習
高2生の学習
高3生の学習
受験勉強
数学I・A
数学II・B
数学III
高2のうちに受験全範囲を修了する
従来の学習方法（公立高校の場合）
高1生の学習
高2生の学習
高3生の学習
数学I・A
数学II・B
数学III

合格者の声

東京大学
理科I類
川手 美希さん

東進の「高速学習」のおかげで、効率よく勉強を進められ、短期間で基礎固めができました。特に、まったく理解できていなかった理科を高2の冬の間にすべて履修できたことは大きかったです。入学時点での遅れを取り戻すことができ、志望校に合格できました。

目標まで一歩ずつ確実に

スモールステップ パーフェクトマスター

基礎から着実に難関レベルに到達できる

自分に合ったレベルから始め、確実に力を伸ばすことが可能です。「簡単すぎる」「難しすぎる」といった無駄がなく、志望校へ最短距離で進みます。また、授業後には「確認テスト」や「講座修了判定テスト」で理解してから先に進むので、わからない部分を残すことはありません。自分の学習成果を細かく確認しながら、着実に力をつけることができます。

パーフェクトマスターのしくみ

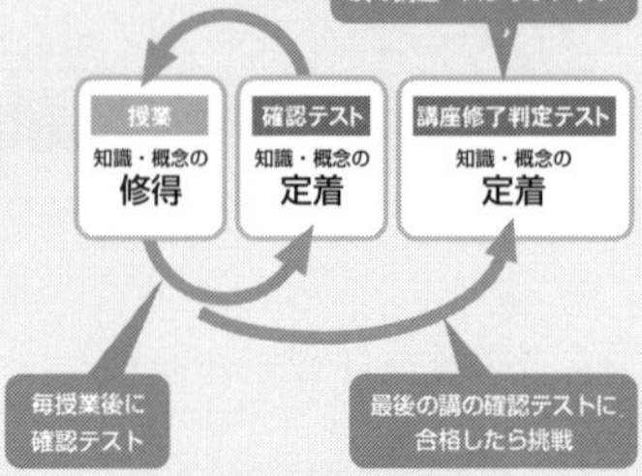

合格したら
次の講座へステップアップ
授業
知識・概念の
修得
確認テスト
知識・概念の
定着
講座修了判定テスト
知識・概念の
定着
毎授業後に
確認テスト
最後の講の確認テストに、
合格したら挑戦

合格者の声

慶應義塾大学
法学部
川嵜 悠吾くん

僕は勉強において復習を最も重視していたので、毎受講後にある確認テストは復習において非常に有効な学習システムでした。毎回の受講にきちんと取り組み、確実に理解しながら一歩ずつ進んでいけたので、成績が着実に伸びていくことを実感できました。

徹底的に学力の土台を固める
高速基礎マスター講座

高速基礎マスター講座は「知識」と「トレーニング」の両面から、科学的かつ効率的に短期間で基礎学力を徹底的に身につけるための講座です。文法事項や重要事項を単元別・分野別にひとつずつ完成させていくことができます。インターネットを介してオンラインで利用できるため、校舎だけでなく、自宅のパソコンや携帯電話で学習することも可能です。

合格者の声

早稲田大学 創造理工学部 常岡 優吾くん

受験勉強を始めたころ、勉強の習慣づけができておらず、英単語などの勉強をうまく進められませんでした。しかし「高速基礎マスター講座」で、基礎の範囲を短い期間で確実に身につけることができ、本格的な受験勉強を進める上で非常に役立ったと思います。

東進公式スマートフォンアプリ

東進式マスター登場！

スマートフォンアプリでつぎつぎ頭の中に！

（英単語／英熟語／英文法／基本例文）

1）スモールステップ・パーフェクトマスター！

頻出度（重要度）の高い英単語から始め、1つのSTEP（計100語）を完全修得すると次のSTEPに進めるようになります。

2）自分の英単語力が一目でわかる！

トップ画面に「修得語数・修得率」をメーター表示。
自分が今何語修得しているのか、どこを優先的に学習すべきなのか一目でわかります。

3）「覚えていない単語」だけを集中攻略できる！

未修得の単語、または「My単語（自分でチェック登録した単語）」だけをテストする出題設定が可能です。
すでに覚えている単語を何度も学習するような無駄を省き、効率良く単語力を高めることができます。

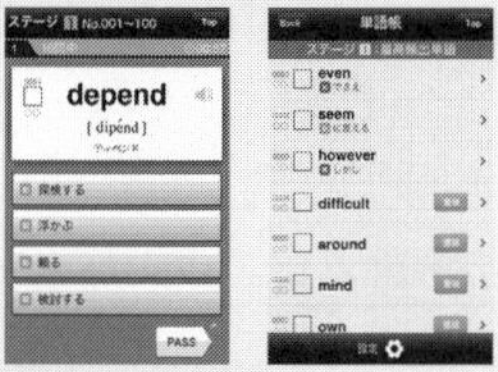

東進式マスター「英単語センター1800」

君を熱誠指導でリードする
担任指導

志望校合格のために君の力を最大限に引き出す

定期的な面談を通じた「熱誠指導」で、最適な学習方法をアドバイス。スケジュールを具体的に示し、君のやる気を引き出します。課題をともに考えて解決し、志望校合格までリードする存在、それが東進の「担任」です。

合格者の声

東京外国語大学 国際社会学部 野口 鵬さん

東進に入学したての時期にさまざまなサポートをしていただき、東進の学習システムにすぐに慣れることができました。グループ面談などを通して、いつも親身に見守ってくれていた担任や担任助手の先生方は、受験勉強において大きな手助けとなりました。

個別説明会

全国の東進ハイスクール・東進衛星予備校の各校舎にて実施しています。

※お問い合わせ先は、付録9ページをご覧ください。

合格の秘訣3 東進ドットコム

ここでしか見られない受験と教育の情報が満載！
大学受験のポータルサイト

www.toshin.com

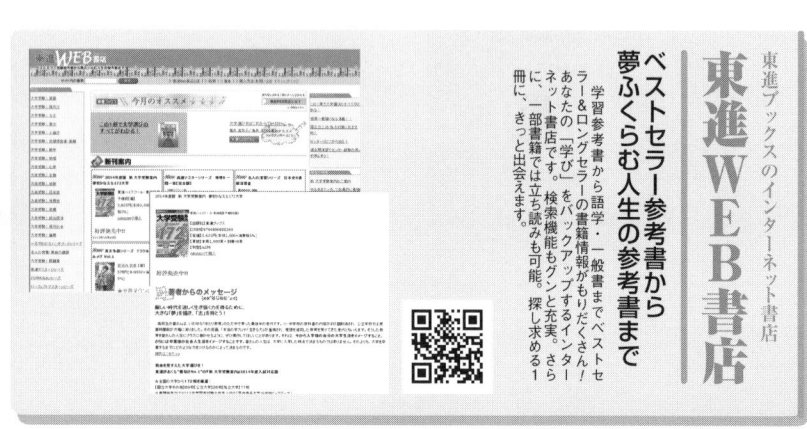

東進 検索

東進公式Twitter @Toshincom
東進公式Facebook www.facebook.com/ToshinHighSchool

東進ブックスのインターネット書店

東進WEB書店

ベストセラー参考書から夢ふくらむ人生の参考書まで

学習参考書から語学・一般書までベストセラー＆ロングセラーの書籍情報がもりだくさん！あなたの「学び」をバックアップするインターネット書店です。検索機能もグンと充実。さらに、一部書籍では立ち読みも可能。探し求める1冊に、きっと出会えます。

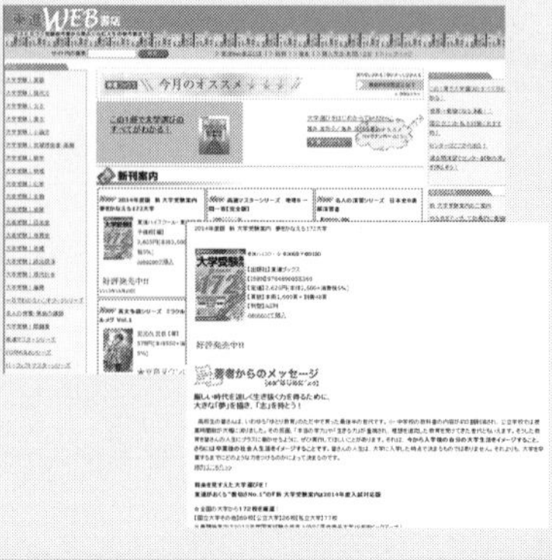

最新の入試に対応!!

大学案内

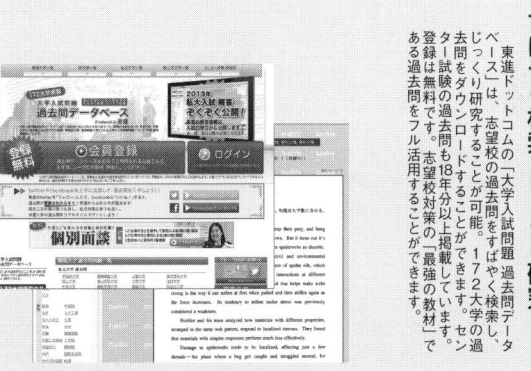

偏差値でも検索できる。検索機能充実!

東進ドットコムの「大学案内」では最新の入試に対応した情報を様々な角度から検索できます。学生の声、入試問題分析、大学校歌など、他では見られない情報が満載!登録は無料です。

また、東進ブックスの『(新)大学受験案内』では、厳選した172大学を詳しく解説。大学案内とあわせて活用してください。

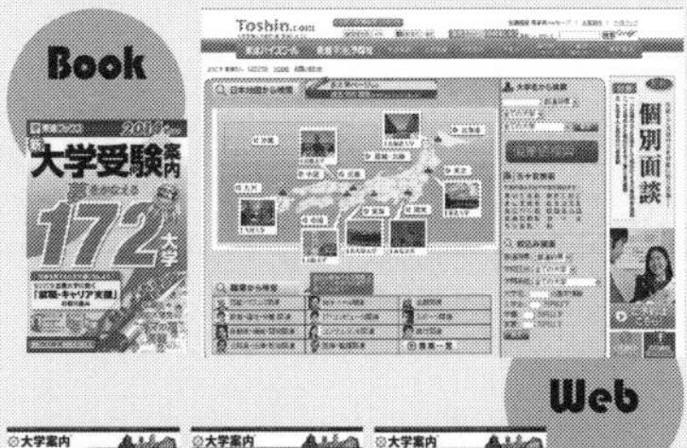

難易度ランキング

50音検索

日本地図検索

172大学の過去問を無料で閲覧

大学入試過去問データベース

君が目指す大学の過去問をすばやく検索、じっくり研究!

東進ドットコムの「大学入試問題 過去問データベース」は、志望校の過去問をすばやく検索し、じっくり研究することが可能。172大学の過去問をダウンロードすることができます。センター試験の過去問も18年分以上掲載しています。登録は無料です。志望校対策の「最強の教材」である過去問をフル活用することができます。

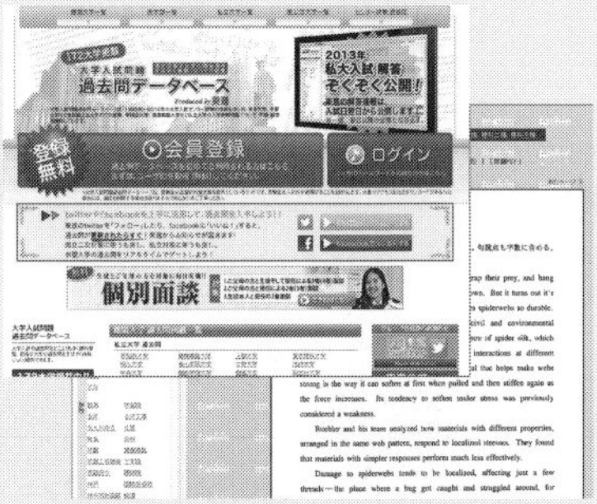

学生特派員からの

先輩レポート

生の大学情報をリアルタイムに提供!

東進で頑張り難関大学に合格した先輩が、ブログ形式で大学の情報を提供します。大勢の学生特派員によって、大学案内・情報誌などにはない生の大学情報が次々とアップデートされていきます。また、受験を終えたからこそわかるアドバイスも、受験勉強に役立つこと間違いなしです。

ケータイからもご覧いただけます

東進ドットコムは
ケータイ・スマートフォンから
簡単アクセス!

合格の秘訣4

東進模試

申込受付中

※連絡先は付録9ページをご覧ください。

学力を伸ばす模試

「自分の学力を知ること」が受験勉強の第一歩!!

絶対評価の連続模試

毎回同じ判定基準で、志望校と現在の学力を比較。自分の成績の伸びが正確に把握できます。

入試の『本番レベル』

「合格までにあと何点必要か」がわかる。早期に本番レベルを知ることができます。

最短7日のスピード返却

成績表を、最短で実施7日後に返却。次の目標に向けた復習はバッチリです。

合格指導解説授業

模試受験後に合格指導解説授業を実施。重要ポイントが手に取るようにわかります。

東進模試 ラインアップ

模試	対象	回数
センター試験本番レベル模試	受験生 高2生	年5回
センター試験高校生レベル模試	高2生 高1生	年4回
東大本番レベル模試	受験生	年3回
京大本番レベル模試	受験生	年3回
北大本番レベル模試	受験生	年2回
東北大本番レベル模試	受験生	年2回
名大本番レベル模試	受験生	年2回
阪大本番レベル模試	受験生	年2回
九大本番レベル模試	受験生	年2回
難関大本番レベル記述模試	受験生	年5回
有名大本番レベル記述模試	受験生	年5回
大学合格基礎力判定テスト	受験生 高2生 高1生	年4回

センター試験本番レベル模試とのドッキング判定※

2013年度

模試	対象	回数
全国統一高校生テスト	高3生 高2生 高1生	年1回
センター試験同日体験受験	高2生 高1生	年1回
東大入試同日体験受験	高2生	年1回

全国統一高校生テスト

※最終回がセンター試験後の受験となる模試は、センター試験自己採点とのドッキング判定となります。

東進で勉強したいが、近くに校舎がない君は…

東進ハイスクール 在宅受講コースへ

「遠くて東進の校舎に通えない……」。そんな君も大丈夫！ 在宅受講コースなら自宅のパソコンを使って勉強できます。ご希望の方には、在宅受講コースのパンフレットをお送りいたします。お電話にてご連絡ください。学習・進路相談も随時可能です。

2013年も難関大・有名大 ゾクゾク現役合格

抜群の現役合格実績

現役のみ！
最終学年高3在籍者のみ！
講習生含まず！

東進の合格実績には、高卒生や講習生、公開模試生を含みません。（他の大手予備校とは基準が異なります）

2013年3月31日締切

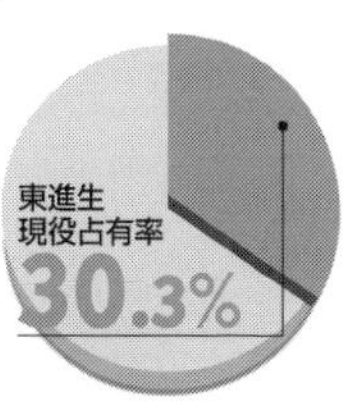

東進生
現役占有率
30.3%

東大現役合格者600名（昨対+12名）ついに達成!!

文Ⅰ…124名	理Ⅰ…197名
文Ⅱ……74名	理Ⅱ……79名
文Ⅲ……81名	理Ⅲ……45名

2013年の東大合格者は現浪合わせて3,109名（うち、現役合格者は1,978名）。東進の現役合格者は、昨年より12名増の600名。東大現役合格者における東進生の占有率は、2012年の29.50%から30.33%となりました。東大現役合格者の3.3人に1人が東進生です。

東大現役合格者の3.3人に1人が東進生

現役合格 旧七帝大＋四大学連合 2,447名 昨対+205名

旧七帝大

東京大………600名	名古屋大……209名
京都大………215名	大阪大………348名
北海道大……194名	九州大………292名
東北大………201名	

四大学連合

- 東京医科歯科大…37名
- 東京工業大…141名
- 一橋大………112名
- 東京外国語大…98名

現役合格 国公立医学部医学科 521名 昨対+1名

東京大(理科Ⅲ類)……45名	千葉大(医学部医学科)……22名	京都府立医科大(医学部医学科)…7名
京都大(医学部医学科)……16名	東京医科歯科大(医学部医学科)…14名	神戸大(医学部医学科)……13名
北海道大(医学部医学科)…8名	横浜市立大(医学部医学科)…9名	和歌山県立医科大(医学部)…7名
東北大(医学部医学科)……17名	新潟大(医学部医学科)……15名	広島大(医学部医学科)……15名
名古屋大(医学部医学科)…11名	金沢大(医薬保健学域医学類)…6名	山口大(医学部医学科)……14名
大阪大(医学部医学科)……13名	福井大(医学部医学科)……7名	徳島大(医学部医学科)……15名
九州大(医学部医学科)……16名	山梨大(医学部医学科)……13名	愛媛大(医学部医学科)……9名
札幌医科大(医学部医学科)…6名	信州大(医学部医学科)……13名	佐賀大(医学部医学科)……18名
旭川医科大(医学部医学科)…13名	岐阜大(医学部医学科)……11名	長崎大(医学部医学科)……15名
弘前大(医学部医学科)……7名	浜松医科大(医学部医学科)…13名	熊本大(医学部医学科)……9名
福島県立医科大(医学部)…8名	名古屋市立大(医学部医学科)…4名	鹿児島大(医学部医学科)…8名
筑波大(医学群医学類)……7名	三重大(医学部医学科)……18名	その他 国公立大(医学部医学科)…63名
群馬大(医学部医学科)……10名	滋賀医科大(医学部医学科)…6名	

現役合格 早慶上智 5,017名 昨対+526名

- 早稲田大……2,627名

東進生
現役占有率
21.3%

4.7人に1人が東進生!!※

- 慶應義塾大…1,402名

東進生
現役占有率
23.6%

4.3人に1人が東進生!!※

- 上智大……………988名

理明青立法中 昨対+943名 現役合格 11,102名

- 東京理科大……1,472名
- 明治大…………2,895名
- 青山学院大……1,224名
- 立教大…………1,626名
- 法政大…………2,195名
- 中央大…………1,690名

関関同立 昨対+1,389名 現役合格 8,529名

- 関西学院大……1,642名
- 関西大…………2,049名
- 同志社大………1,970名
- 立命館大………2,868名

現役合格 全国主要国公立大

北海道教育大……69名	新潟大……203名	鳥取大……87名
弘前大……55名	富山大……107名	島根大……63名
岩手大……52名	金沢大……165名	岡山大……163名
宮城大……27名	福井大……68名	広島大……228名
秋田大……48名	山梨大……77名	山口大……195名
山形大……78名	信州大……141名	徳島大……107名
福島大……42名	岐阜大……113名	香川大……88名
筑波大……214名	静岡大……190名	愛媛大……171名
茨城大……125名	静岡県立大……50名	高知大……47名
宇都宮大……47名	愛知教育大……90名	北九州市立大……132名
群馬大……58名	名古屋工業大……114名	佐賀大……110名
埼玉大……156名	名古屋市立大……103名	長崎大……158名
埼玉県立大……36名	三重大……177名	熊本大……196名
千葉大……284名	滋賀大……78名	大分大……69名
首都大学東京……205名	京都教育大……24名	宮崎大……49名
お茶の水女子大……37名	大阪市立大……179名	鹿児島大……93名
電気通信大……60名	大阪府立大……152名	琉球大……80名
東京学芸大……121名	大阪教育大……112名	
東京農工大……79名	神戸大……325名	
横浜国立大……240名	奈良女子大……44名	
横浜市立大……130名	和歌山大……49名	

※東進調べ

ウェブサイトでもっと詳しく➡ 東進 検索

各大学の合格実績は、東進ハイスクールと東進衛星予備校の合同実績です。

東進へのお問い合わせ・資料請求は
東進ドットコム www.toshin.com か
下記までお電話ください。（通話料無料）

東進ハイスクール 0120-104《トーシン》-555《ゴーゴーゴー》

東京都

[中央地区]	
市ヶ谷校	0120-104-205
新宿エルタワー校	0120-104-121
高田馬場校	0120-104-770
[城北地区]	
赤羽校	0120-104-293
本郷三丁目校	0120-104-068
茗荷谷校	0120-738-104
[城東地区]	
綾瀬校	0120-104-762
金町校	0120-452-104
★北千住校	0120-693-104
錦糸町校	0120-104-249
豊洲校	0120-104-282
西新井校	0120-266-104
西葛西校	0120-289-104
門前仲町校	0120-104-016
[城西地区]	
★池袋校	0120-104-062
大泉学園校	0120-104-862
荻窪校	0120-687-104
高円寺校	0120-104-627
石神井校	0120-104-159
巣鴨校	0120-104-780
成増校	0120-028-104
練馬校	0120-104-643
[城南地区]	
大井町校	0120-575-104
蒲田校	0120-265-104
五反田校	0120-672-104
三軒茶屋校	0120-104-739
★渋谷駅西口校	0120-389-104
下北沢校	0120-104-672
自由が丘校	0120-964-104
成城学園前駅北口校	0120-104-616
千歳烏山校	0120-104-331
都立大学駅前校	0120-275-104
[東京都下]	
★吉祥寺校	0120-104-775
国立校	0120-104-599
国分寺校	0120-622-104
立川駅北口校	0120-104-662
田無校	0120-104-272
調布校	0120-104-305
八王子校	0120-896-104
東久留米校	0120-565-104
府中校	0120-104-676
★町田校	0120-104-507
武蔵小金井校	0120-480-104
武蔵境校	0120-104-769

神奈川県

青葉台校	0120-104-947
厚木校	0120-104-716
川崎校	0120-226-104
湘南台東口校	0120-104-706
新百合ヶ丘校	0120-104-182
センター南駅前校	0120-104-722
たまプラーザ校	0120-104-445
鶴見校	0120-876-104
平塚校	0120-104-742
藤沢校	0120-104-549
向ヶ丘遊園校	0120-104-757
武蔵小杉校	0120-165-104
★横浜校	0120-104-473

埼玉県

浦和校	0120-104-561
大宮校	0120-104-858
★春日部校	0120-104-508
川口校	0120-917-104
川越校	0120-104-538
小手指校	0120-104-759
志木校	0120-104-202
せんげん台校	0120-104-388
草加校	0120-104-690
所沢校	0120-104-594
★南浦和校	0120-104-573
与野校	0120-104-755

千葉県

我孫子校	0120-104-253
市川駅前校	0120-104-381
稲毛海岸校	0120-104-575
海浜幕張校	0120-104-926
★柏校	0120-104-353
北習志野校	0120-344-104
新浦安校	0120-556-104
新松戸校	0120-104-354
★千葉校	0120-104-564
★津田沼校	0120-104-724
土気校	0120-104-584
成田駅前校	0120-104-346
船橋校	0120-104-514
松戸校	0120-104-257
南柏校	0120-104-439
八千代台校	0120-104-863

茨城県

つくば校	0120-403-104
土浦校	0120-059-104
取手校	0120-104-328

静岡県

★静岡校	0120-104-585

長野県

★長野校	0120-104-586

奈良県

JR奈良駅前校	0120-104-746
★奈良校	0120-104-597

（2013年4月現在）
★は高校生・高卒生対象の校舎です。
その他は高校生対象の校舎です。

新校舎開校情報
最新の情報は東進ドットコム（www.toshin.com）でご案内！

東進衛星予備校 0120-104《トーシン》-531《ゴーサイン》

東進ドットコムでお近くの校舎を検索！

資料請求もできます

「東進衛星予備校」の「校舎案内」をクリック

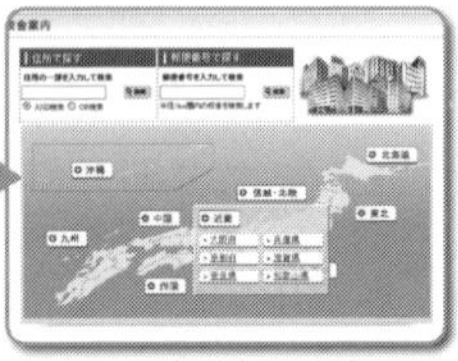

エリア・都道府県を選択

住所の一部からも検索できます

東進ハイスクール 在宅受講コース 0120-531《ゴーサイン》-104《トーシン》